이단 코드

이단 코드

초판인쇄 2025년 6월 1일
초판발행 2025년 6월 10일

지 은 이 탁지일
펴 낸 이 강성훈
발 행 처 한국장로교출판사
주　　소 03128 / 서울시 종로구 대학로3길 29, 신관 4층(총회창립100주년기념관)
편 집 국 (02) 741-4381 / 팩스 741-7886
영 업 국 (031) 944-4340 / 팩스 944-2623
홈페이지 www.pckbook.co.kr
인스타그램 pckbook_insta　　**카카오채널** 한국장로교출판사
등　　록 No. 1-84(1951. 8. 3.)

책임편집 정현선　　　　**표지디자인** 남소현
편　　집 정현선　　　　**디자인** 남소현
경영지원 박호애 서영현　**마케팅** 박준기 이용성 이현지

ISBN 978-89-398-4624-1
값 16,900원

※ 이 출판물은 저작권법에 의해 보호를 받는 저작물이므로 무단전재와 무단복제를 할 수 없습니다.

CULT
이단 코드
CODE

탁지일 지음

한국장로교출판사

프롤로그

한국에서 태어난 이단들이 성공적으로 세계화되고 있다. 신격화된 교주는 '한국인'이고, 새로운 비성경적 교리도 '한국어'로 기록되어 있고, 구원받을 대부분의 선민도 '한국인'이다. 또 구원과 재림의 장소도 '한국'이라고 주장하며, 한국적 이단들이 해외로 뻗어 나가고 있다. 가히 '한국 이단 팬데믹'(K-Cult Pandemic) 시대라고 부를 만하다.

이단은 항상 트렌드에 민감한데, 역사적으로도 이단은 예외 없이 세련된 교리와 언행으로 시대를 거침없이 유혹해 왔다. 이들은 동시대인들이 호기심을 느낄 만한 그럴 듯한 서사(書史)를 가지고 등장해, 최신 문화와 종교 코드로 치장한 후, '친절(親切)'하고 '친근(親近)'하게 다가와 '친밀(親密)'한 관계를 형성하고, 마침내 '치밀(緻密)'한 미혹을 통해, 교회와 개인에게 '치명(致命)'적인 피해를 준다. 더 무서운 것은 이단들의 경전에 이러한 시나리오와 로드맵이 여실히 드러나 있다는 것이다.

이단에 대한 대응과 대처는 교회의 난제(難題)이다. 이단은 항상 트렌디한 시대적 코드로 장착한 후 매너리즘에 빠진 교회에 거침없이 도전하는 양상을 보여 왔기 때문이다.

특히, 트렌드에 민감한 젊은 세대의 감성 코드에 접근하는 이단들을 막아 내기란 쉽지 않다. 이것이 젊은 층 비율이 상대적으로 높은 아프리카에 한국 이단들의 침투가 사회 각 분야에서 광범위하게 진행되는 이유이기도 하다. K-Food, K-Dance, K-Pop, K-Drama, K-Beauty 등의 한류(韓流)는 오늘날 이단들의 해외 영향력 확산과 포교에 결정적인 플러스 요소로 작용하고 있다.

이 책에서는 한국적 이단들이 해외로 진출해 정착할 수 있었던 세계화 전략과 동향을 파악한 후, 이들의 궁극적인 목적이 숨겨져 있는 핵심 경전(經典)에 관한 연구를 통해 그 원인을 분석하려고 한다. 이를 통해, 해외 현지 사회에 잠재적인 위험요소로 자리 잡으며, 한국교회 선교의 최대 걸림돌로 작용하는 한국 이단들에 대한 선제적이고 실효성 있는 대안을 모색하려고 한다.

세월호사건과 구원파(2014년), 최순실국정농단사건과 최태민(2016년), 이재록의 성범죄와 신옥주의 폭행과 학대(2018년), 코로나19 확산과 신천지(2020년), 아베 신조 전 일본 총리 피격살해사건과 통일교(2022년), 넷플릭스 다큐멘터리 "나는 신이다"와 JMS 정명석의 성범죄(2023년), 기쁜소식인천교회 여고생 사망 사건과 박옥수 구원파(2024년) 등, 지난 10여 년 동안 사회를 뒤흔든 사건들은 어김없이 이단 문제와 밀접히 연관되어 있었다.

이단 대응과 대처는, 가정과 교회를 지키려는 노력인 동시에, 우리나라를 지키는 기독교인의 소명과 사명이 되었다.

목 차

프롤로그 ———————————————— 4

Trend
이단, 시대를 매혹하다 ———————————— 8

Pandemic
이단, 세계를 미혹하다 ———————————— 24

  1. 아시아의 한국 이단들 ———————————— 29

  2. 북미의 한국 이단들 ————————————— 43

  3. 유럽의 한국 이단들 ————————————— 57

  4. 오세아니아의 한국 이단들 ————————— 71

  5. 중남미의 한국 이단들 ——————————— 86

  6. 아프리카의 한국 이단들 ————————— 100

  7. 온라인 한국 이단들 ———————————— 116

Fiction
이단, 교리를 지어내다 ——————————— 122

   1. 정득은의 『생의 원리』 ——————————— 127

   2. 김백문의 『기독교근본원리』 ——————————— 142

   3. 전도관의 『오묘』 ——————————— 155

   4. 동방교의 『경화록』 ——————————— 168

   5. 신천지의 『천국비밀 계시록의 진상』 ——————————— 181

   6. 예수그리스도후기성도교회의 『몰몬경』 ——————————— 194

   7. 전능신교의 『말씀이 육신으로 나타남』 ——————————— 206

Benchmarking
이단, 서로를 매료하다 ——————————— 220

에필로그 ——————————— 250

Trend

이단, 시대를 매혹하다

Trend

이단, 시대를 매혹하다

역사적 이단은 충분히 매혹적이다. 이들은 역사의 어두운 그림자를 자양분 삼아, 거절하기 힘든 미혹의 손길을 내밀어 왔다. 한국 이단들은 '종말론적 재림사상과 선민의식'을 내세우며, 일제강점기와 6·25 전쟁기에 그 정점을 찍으며 집중적으로 등장했다. 무엇보다도 4차산업혁명의 변화를 실생활에서 체감하도록 하고, 비대면 사물인터넷 환경을 극대화하도록 만든 코로나19 팬데믹은 한국 이단 역사상 가장 주목할 만한 변곡점이 되었다.

이제 매혹적이고 스마트한 이단들을 온·오프라인 어디서든 만날 수 있는 최적의 환경이 조성되었다. 온라인 미혹의 통로인 스마트폰이 모두의 손에 들려있다.

이런 현실에서는 누구든지 이단 피해자가 될 수 있다. 그렇기에 이단 피해가 발생할 경우, 피해 원인을 분석한다는 명분으로 피해자와 피해 가정에 주홍글씨를 새기지 말아야 한다. 이는 2차 가해이다. 피해의 원인 제공자와 가해자는 이단이라는 사실을 분명히 기억해야 한다.

특히 교회사적으로, 교회와 개인의 신앙이 성장하고 성숙해져 갈 때 이단이 발흥한다는 점에 유념해야 한다. 초대교회의 성장 속에서 기독론적 이단이 나타났고, 미국교회의 제2차 대각성 운동과 함께 몰몬교, 여호와의증인, 안식교가 등장했으며, 한국 평양대부흥운동의 현장에서 초기 이단 교주들이 영향을 받았다. 한국 이단의 뿌리인 통일교 문선명과 한학자, 전도관의 박태선 모두 한국기독교의 중심이었던 서북지역 평안도 출신이다.

교회의 성장과 신앙이 성숙하는 시기는 동시에 주요 이단들의 발흥기와 일치한다는 점에 주목할 필요가 있다. 신앙 연륜, 성경 지식, 교회 직분에 만족할수록 영적 경각심이 필요하다는 사실을, 성경과 교회역사가 우리에게 경고하고 있다.

모태신앙이거나, 성경에 대한 지식도 풍부하고, 사역도 게을리하지 않았던 신실한 신앙인들이 왜 이단에 빠지는지 그 이유를 천천히 곱씹어봐야 한다. 이 점에서 2천여 년 전 이단 대처를 위해 애썼던 초대 교부 터툴리안(160-240)의 권면은 여전히 유효하다.

연약한 사람은 쉽게 이단의 미혹에 넘어가고 실족한다. 믿음이 좋고, 신중하며, 교회의 신임을 받는 사람들이 왜 이단에 미혹되는지 궁금해한다. 그렇다면 이런 사람들은 결코 이단에 미혹될 수 없는가? 선했던 사울이 다윗에 대한 질투로 인해 넘어졌고, 선했던 다윗도 우리아 살해와 간음의 죄를 범했다. … 온전하게 지혜롭고 신실하며 존엄한 사람은 없다. 우리는 마지막 순간까지 선한 싸움을 싸워야 한다.[1]

포스트 코로나 세상은 '복음 전도'와 함께 '복음 분별'이 동시에 필요한 시대가 되었다. 이단들은 전통적인 오프라인 환경과 코로나 이후 본격화한 온라인 공간을 넘나들며 하이브리드(Hybrid) 이단으로 정착한 모양새이다. 교회 밖에서는, 노략질을 일삼는 가짜 이단이 진짜 교회처럼 양의 옷을 입은 선한 이웃으로 코스프레(Cospre)한 후, 자원봉사활동에 주력하며 사회적 인지도를 높이고 있고, 교회 안에서는, 신앙 연륜이 있는 교인들은 물론이고 나름 성경에 대한 지식과 관심이 많다고 하는 신앙인들마저 이단의 미혹에 빠지고 있다. 게다가 한국 이단들은 사회적 순기능을 노출하는 포교전략과 한류(K-Trend)로 무장한 채, 세계 곳곳으로 퍼져 나가고 있다. 가히 '한국 이단 팬데믹(Pandemic) 시대'라고 부를 수 있는 형세이다.

---

1) Tertullian, "Prescription against Heretics," *The Fathers of the Church* ⟨www.newadvent.org/fathers⟩, 제3장.

하이브리드 이단

코로나 이후 두드러지게 나타나는 첫 번째 이단 트렌드는, 온라인과 오프라인을 넘나드는 하이브리드(Hybrid) 이단의 등장이다. 코로나 이전에는 대면 포교가 일반적이었지만, 코로나 발생 이후에는 온라인을 기반으로 이단들의 미혹이 본격화되었고, 최근에는 전통적인 대면 포교와 온라인을 혼합한 하이브리드 형태로 진화하고 있다. 시공간을 초월한 미혹의 시대, 즉 하이브리드 이단의 세상이 열렸다.

교회의 이단 대처도 업그레이드가 필요한 시점이 되었다. 전통적인 이단 예방교육과 함께, 온라인 대응도 시급하다. 이단들의 고퀄리티, 즉 고화질과 고음질의 동영상이 유튜브를 뒤덮고 있고, 숏츠(Shorts)를 통해 '빠르고 간단하게' 미혹하고 있다. 심지어 콘텐츠 구성과 완성도까지 높아 청소년과 청년대학생들의 관심을 끌고 있다. 게다가 정체를 감추고 접근하기 때문에 피해는 점점 확산되는 추세이다.

신천지는 전통적인 모략 포교를 진행하는 한편, 온라인으로 포교, 교리교육, 신도 통제를 병행하고 있다. 거짓말의 끈을 놓지 않는 동시에, 노골적인 커밍아웃을 통해, 오히려 우리를 당황스럽게 만들고 있다. 최근 하나님의교회도 전통적인 거리 포교와 함께 온라인 홍보에 집중하고 있다. 특히 요즘 '어머니 하나님'을 선전하는 30~40대 여성 신도들이 곳곳을 누비고 있다.

─────── Trend

코스프레 이단

두 번째 이단 트렌드는, 정체를 감춘 채 양의 옷을 입고, 부정적인 이미지 세탁을 시도하려는 코스프레(Cospre) 이단의 등장이다. 자신의 정체를 감추고 활동하는 코스프레 이단들이 곳곳에 나타나고 있다. 친사회적 코스프레 자원봉사활동은 신천지, 하나님의교회, 구원파 등 주요 이단들의 상징처럼 되었다.

신천지는 '신천지자원봉사단'의 업그레이드 버전인 위아원(We Are One)을 앞세워 자원봉사활동을 통한 이미지 변신과 홍보에 열을 올리고 있다. 게다가 코로나 팬데믹 때는 신천지 비판에 열을 올리며 실리를 챙기던 주요 언론들이, 이제는 신천지 선전을 통해 다시 돈벌이에 열을 내고 있으니, 후안무치도 이만저만이 아니다.

하나님의교회는, 청소년을 대상으로 한 아세즈 스타(Asez Star), 청년대학생들이 주축이 된 아세즈(Asez), 그리고 직장인들 중심의 아세즈와오(Asez Wao)라는 자원봉사조직을 국내외에서 운영하면서, 사회와의 접촉면을 확장해 나아가고 있다. 거리청소는 물론이고 자연재해 지역에는 어김없이 나타나 활발한 구제활동을 벌이며, 선한 이웃 코스프레에 여념이 없다. 특히 하나님의교회는 온라인 홍보에 막대한 재정을 투입하고 있다.

한류 이단

세 번째 이단 트렌드는, 한류(K-Trend)를 내세운 K-이단의 등장이다. 온라인과 오프라인을 넘나드는 하이브리드 이단은 한류의 날개를 단 K-이단의 모습으로 진화하며 세계 곳곳으로 침투하고 있다. 외국어로 된 홈페이지를 운영하는 한편, 실시간 업데이트를 통해 곳곳에 세련된 미혹의 덫을 설치하면서, K라는 이니셜이 붙여진, 드라마, 댄스, 음식, 뷰티, 언어 등을 포교에 효과적으로 활용하는 K-이단이 대세를 이루고 있다.

특히, 박옥수 구원파의 국내외 활동이 활발한데, 이들의 유관 단체인 국제청소년연합(International Youth Fellowship, IYF)은, 국내 캠퍼스 활동으로부터 해외 자원봉사에 이르기까지 국내외에서 광폭 행보를 보이며, 최근 경상북도에 있는 기독교 사학 김천대학교를 인수해 거점으로 삼으며 활동을 확장하고 있다. 또한 코로나로 중단되었던 월드캠프를 올해부터 다시 대면으로 진행하고 있으며, 소위 마인드 교육(Mind Education)을 내세워 관공서와 군부대를 비롯해 국내외 공교육 현장을 공략하고 있다.

또 이들은 해외에서는 사회봉사 및 문화 활동을 매개로 포교를 진행한다. 특히 남미와 아프리카 등지에서는 문화교류와 교육지원을 명목으로 정치권이나 공교육 현장에 접근해 업무협약을 체결한 후, 박옥수가 강사로 등장하는 행사를 통해 합법적인 교리교육을 진행하고 있다.

흔들리는 대한민국

2014년 세월호사건과 구원파, 2016년 최순실국정농단사건과 최태민, 2018년 이재록의 성범죄와 신옥주의 폭행과 학대, 2020년 코로나19 확산과 신천지, 2022년 아베 신조 전 일본 총리 피격살해사건과 통일교 등, 지난 10년 동안 거의 격년으로 일어난 초대형 사회적 사건들에는 어김없이 기독교 이단사이비의 그림자가 드리워져 있었다. 이단은 이제 교회의 교리적 문제 영역을 넘어, 심각한 사회 문제가 되었다. 그렇기에 이단 대처는, 우리의 가정과 교회뿐만 아니라, 우리나라를 지키는 거룩한 사명이 되었다.

게다가 2023년에는 넷플릭스의 "나는 신이다" 다큐멘터리 방영으로 전 세계가 한국 이단들의 폐해를 인식하게 되었고, 2024년에는 박옥수 구원파 소속 기쁜소식인천교회에서 여고생이 폭언, 폭행, 학대, 감금으로 인해 사망하는 사건이 발생했는데, 기쁜소식선교회와 국제청소년연합(IYF)의 핵심 기관인 그라시아스합창단과 박옥수의 자녀가 깊숙이 연관된 것으로 밝혀져 충격을 안겨주었다. 이단 문제의 사회적 일탈 행위는 멈추지 않고 진행 중이다.

그런데 문제는 우리의 망각이다. 잊어도 너무 빨리 잊는다. 이단 관련 사건들이 발생할 때면, 언론은 호기를 만난 듯 하루도 빠짐없이 이단과 주변을 탈탈 털면서, 시청률과 구독률을 동시에 잡으며 실리를 챙겼다. 그리고 대중은 마치 희생양을 발견이라도 한 듯, 분노와 정죄의 주홍글씨를 온라인 곳곳에 댓글로 새겼다. 그리고 교회는 이단박멸의 호기라도 만난 듯 장밋빛 꿈에 물들었다. 하지만 이내 아무 일도 없었다는 듯이, 무섭도록 빠르게 망각 속으로 빠져들고, 평범한 일상으로 복귀하곤 했다. 이제는 이단이 문제라기보다, 우리의 집단 망각이 더 문제라는 생각을 지울 수 없다.

교회의 딜레마

사회적으로 이단 문제가 노출될 때마다, 교회를 향한 거센 후폭풍이 일어난다. 시사 고발 프로그램에 등장하는 사이비나 이단들 대부분이 '교회'라는 간판을 걸고 '목사'라는 호칭을 사용하고 있기에, 교회가 오해받고 도매금에 넘어가기도 한다.

심지어 정통의 가면을 쓴 이단들의 정체를 기독교인들도 분별하기 쉽지 않다. 이단들은 교회라는 명칭을 사용하면서, 거짓말과 위장으로 포교하는 한편, 문제가 생기면 비난의 화살이 교회로 향하도록 적절하게 물타기를 하는 간계를 부리고 있다. 정통교회의 표식으로 교단 마크를 사용하는 등의 대안을 내놨지만, 이단들은 이마저도 도용하고 있다.

이단과 교회의 관계는, 동전의 양면과 같다. 이단과 교회는, 서로를 비추는 거울과 같다. 이단에 관한 교회사적 연구를 통해, 동시대 이단의 본질을 간파할 수 있고, 반면 이단에 관한 역사적 연구를 통해, 동시대 교회의 훼손된 정체성을 파악할 수 있다. 교회의 신앙과 신학은 이단들과의 비타협적인 투쟁의 결과물임을 잊지 말아야 한다. 교회가 순전하고 정결할 때, 이단의 도전에 "담대하게 거침없이"(행 28 : 31) 응전할 수 있다.

혼돈 속의 이단 2세들

최근 이단 관련 최대 이슈는 2세들의 문제이다. 이단 가정에서 태어나 자라는 2세들의 문제는 가장 심각한 교회와 사회 문제로 등장하고 있다. 부모는 스스로 이단을 선택했기에, 이단이란 손가락질도 감수할 수 있는지 모르지만, 2세들에게는 이단과의 연관성이 선택이 아니라 피할 수 없는 운명이다.

자신의 의지와는 무관하게 이단 가정에서 태어났고, 선택의 여지 없이 이단의 교리적 영향을 받으며 자라났으며, 세상으로부터 단절된 채 주로 이단 신도들과의 관계성 속에서 고립되어 성장했다. 종교적 삶에 관한 옳고 그름의 판단 기준은 갖지 못한 채, 오로지 교주와 조직에 대한 복종과 불복종의 패러다임 속에 꼼짝없이 갇혀 자라난 것이다.

최근 온라인에서 익명으로 자신의 처지와 아픔을 호소하는 이단 2세들의 모습이 점점 늘어나고 있다. 통일교, 여호와의증인, JMS 2세들이 대표적이다. 이들은 자신들의 가정이 관련된 이단 단체의 문제점을 냉소적으로 비판하는 한편, 매일매일 맞닥뜨릴 수밖에 없는 가정문제의 심각한 아픔을 토로하고 있다.

안타깝게도 교회와 사회적 대안은 부재하다. 2세들에게 이단으로부터 빠져나오라고 당연한 듯 권할 수도 없다. 아무리 이단에 속한 부모라고 할지라도, 어떻게 부모를 버리고 이단으로부터 탈출하라고 말할 수 있겠는가? 또 경제적으로 독립하지 못한 2세들에게 아무런 대안을 제공하지 못하면서, 무작정 가정으로부터 독립하라고 권할 수 있겠는가?

신천지, 하나님의교회, JMS, 다락방 등, 주요 이단들의 발생 시기가 1980년대 전후인 점을 고려하면, 현재 이단 2세들의 나이는 대략 30대 전후나 미만이다. 바야흐로 이단 2세들의 문제가 본격화되는 시점이라고 해도 과언은 아니다.

자신의 소속을 숨긴 채, 조마조마한 마음으로 학교나 일터에서 하루하루를 살아가는 이단 2세들의 모습이 안타깝다. 이러한 현상은 코로나19와 신천지 문제 이후 더욱 심각해졌다. 혹시라도 자신의 가정환경이 노출되면 설명할 기회도 얻지 못한 채 주홍글씨가 새겨지고, 언어폭력으로 조리돌림을 당하는 고통을 겪는다.

사랑하는 사람을 만나 교제하게 되면, 가정에 대한 침묵과 거짓말이 점점 늘어난다. 결혼을 위해 가족 상견례 자리가 마련되면 불안감은 더욱 증폭된다. 상대측 가정에서 이단이라는 이유로 사돈 맺기를 꺼릴 경우, 파혼에 이르기도 한다. 선남선녀들이 이단 문제로 이별과 이혼을 고민하는 상담을 요청할 때면 늘 애

듯한 마음이다.

　일본 전 총리인 아베 신조가 피격살해 되고 시간이 꽤 흘렀지만, 일본 사회에는 여전히 후폭풍이 불고 있다. 가해자인 일본 청년은, 통일교 신도인 어머니로 인해 굴곡진 2세의 삶을 고통스럽게 살아내야만 했다. 그러던 중 통일교 행사에 주요 연사로 등장한 아베 신조를 보면서, 그를 제거해 가정이 겪은 아픔과 억울함을 사회에 알리기로 작정했고, 마침내 사제 총을 제작해 범행을 실행에 옮긴 후, 그는 영어의 몸이 되었다.

　한국 이단의 뿌리 통일교로 인해, 가정이 깨지고 고통스러운 성장 과정을 운명처럼 겪어내야만 했던 이 청년은 과연 가해자일까, 피해자일까? 유력 정치인의 생명을 빼앗은 가해자임을 부인할 수는 없지만, 동시에 이단 문제로 고통받는 가정에서 태어나고 자라난 피해자로도 반드시 기록되고 기억되어야 한다.

　이단 문제의 본질적 과제는 '정죄와 분리'가 아니라, '치유와 회복'이다. 이단에 빠진 피해자와 피해 가정의 온전한 회복 없이는 이단 문제의 해결은 의미가 없다. 목회데이터연구소의 설문 조사에 따르면, "만일 목사님 교회에 신천지 등 이단 출신자가 등록하기를 희망한다면 어떻게 하시겠습니까?"란 질문에 대해 10명의 목회자 중 4명 정도가 "받아들이기 어렵다."라고 답했다고 한다.[2] 교회가 이단 탈퇴자의 수용을 거절한다면, 과연 이들이 어디로

---

2) 목회데이터연구소, "한국교회 이단 실태"「넘버즈」203호 〈www.mhdata.or.kr〉.

갈 수 있을까? 이단도 싫고, 교회도 싫은 상황 속에서 고립형 삶을 선택하거나, 혹은 다른 불건전 집단을 스스로 찾아가는 일이 실제로 발생하고 있다.

트렌디한 이단의 스마트한 미혹

트렌디한 키워드로 무장한 이단들이, 우리 손에 들린 스마트폰을 통해 스마트하게 미혹하며 다가서고 있다. 무서운 모습으로 요란스럽게 다가와 무거운 짐을 주기보다, 친근한 모습으로 조용히 다가와 보암직하고 먹음직하며 매혹적인 것을 제공하며, 거절하기 힘든 미혹의 덫을 설치하고, 우리 가정과 교회와 사회를 무너뜨린다. 터툴리안은 이러한 모습을 다음과 같이 경고한다.

> 이단들은 넘어진 자들을 세우는 것이 아니라, 서 있는 자들을 넘어뜨린다. 이단들은 자신들의 세상을 만들어 가는 것이 아니라, 진리를 파괴하고 교회를 무너뜨려 자신의 것으로 만들려고 한다. … 이단들은 무너진 건물을 세우는 일보다, 서 있는 집들을 무너뜨리는 일을 더 쉽게 한다. 이를 위해 이단들이 겸손하고, 예의 바른 것처럼 행동한다.[3]

---

3) Tertullian, "Prescription against Heretics," 제42장.

코로나19 팬데믹을 거치며 한국 이단들은 온·오프라인을 넘나드는 '하이브리드(Hybrid) 포교'를 진행하는 한편, 사회적 순기능으로 치장한 '선한 이웃 코스프레(Cospre)'를 통해, 국내뿐만 아니라 해외 재외동포와 현지인들에게 '한류(K-Trend)를 이용'해 효과적으로 접근하고 있다. 오대양 육대주에 서식하는 한국 이단들의 미혹은 시공간을 초월한 팬데믹 현상으로 나타나고 있다. 이제 이단 대응과 대처 없는 해외 선교는 밑 빠진 독에 물 붓기가 되었다.

우리는 누구나 이단에 미혹될 수 있다.
온전히 지혜롭고 신실한 사람은 없다.

Pandemic

이단, 세계를 미혹하다

Pandemic

이단, 세계를 미혹하다

2023년 재외동포청 통계에 따르면, 일본과 중국에 전체 재외동포의 41.12%인 2,911,845명이 거주하고 있고, 다음으로는 북미 미국과 캐나다에 40.43%인 2,862,781명이 살고 있으며, 유럽 654,249명(9.24%), 남아시아태평양 520,490명(7.35%) 중남미 102,751명(1.45%), 중동 18,939명(0.27%), 아프리카 10,455명(0.15%) 등 총 7,081,510명의 "외국국적동포"(4,613,541명, 65.14%)와 "재외국민"(2,467,969명, 34.85%)이 거주하고 있다.[1]

그리고 한국 이단들의 해외 활동과 규모는 재외동포의 분포

---

1) 재외동포청, "재외동포 현황" 〈www.oka.go.kr〉.

현황에 비례하고 있다. 지리적 접근성이 좋은 중국과 일본, 그리고 문화적·인적 교류가 활발한 미국과 캐나다에 전체 재외동포의 80% 이상이 거주하고 있으며, 한국 이단들의 포교와 거점 확보도 꾸준히 진행 중이다. 또 2000년대 이후에는 재외동포 수가 늘어나고 있는 동남아시아, 오세아니아, 중남미, 아프리카에서 한국 이단들이 영향력을 확대해 가고 있다.[2]

한국 이단들의 해외 진출 현상은 가히 팬데믹(Pandemic)이라고 부를 수 있다. 재외동포 밀집 지역을 중심으로 확장하던 한국 이단들이, 코로나19를 전후해 한류(韓流)와 인터넷을 타고 세계 곳곳으로 확산되고 있다. 특히 코로나19 이후의 온라인 환경의 구축은 이러한 현상이 가속화되는 기반이 되고 있다. 기존의 전통적인 오프라인 대면 포교전략이, 코로나19 팬데믹을 계기로 고화질·고음질의 온라인 환경을 이용한 비대면 포교로 업그레이드되고 있다.

비교적 이단의 미혹과 피해가 약한 '안전지대'는 거의 사라지고, 사회와 교회의 대응과 대처가 쉽지 않은 '사각지대'는 꾸준히 늘어가고 있다. 시공간을 초월한 한국 이단들의 세계적 확산을 막을 영적 백신의 개발과 예방 활동이 요구되고 있다.

아시아, 북미, 유럽, 오세아니아, 중남미, 아프리카 등 전 세계

---

[2] 이 글은 탁지일, 『이단이 알고 싶다』(넥서스CROSS, 2020), 126~161쪽의 내용 및 코로나19 이후를 중심으로 작성한 관련 글들을 종합적으로 수정·보완하는 한편, 최근 동향을 업데이트한 것이다.

에서 활발하게 포교 활동 중인 한국 주요 이단들의 동향 파악과 대처방안의 마련은, 한국교회의 선교 사명 감당을 위해 반드시 완수해야만 하는 상수(常數)이자 과제가 되었다.[3]

3) 이 내용은 2024년 7월호부터 12월호까지 "해외에 퍼진 한국 이단들"이란 주제로「목회와 신학」에 게재된 글들을 수정·보완한 것이다.

1. 아시아의 한국 이단들

2018년 현황에 따르면, 171개국에서 27,993명의 한국 선교사가 활동하고 있다고 한다. 이들 중 동북아시아(5,916명), 동남아시아(5,865명), 남아시아(1,707명), 중앙아시아(930명) 등 아시아 지역의 선교사 총수가 14,418명(52%)에 이르고 있는데, 이는 한국교회의 선교가 지리적으로 인접한 아시아에 집중하고 있는 것을 알 수 있다.[4]

한국 이단들의 해외 진출 유형은 크게 두 가지로 나타난다. 하나는 재외동포 포교에 집중하는 유형이고, 다른 하나는 현지인 포교에 집중하는 유형으로 분류될 수 있다. 전자는 신천지가 대표적이며, 재외동포 다수거주지역의 한인교회와 기독교인을 대상으로 집중적인 포교를 시도하고 있다. 후자는 하나님의교회와 구원파가 대표적이며, 한류가 영향을 미치고 있는 해외 곳곳에서 봉사 및 문화 활동을 매개로 포교 활동을 전개하고 있다.

특히, 구원파 계통의 활동이 활발하다. 박옥수 구원파(기쁜소식선교회)는 일본, 필리핀, 캄보디아, 싱가포르, 대만, 태국, 베트남, 라오스, 스리랑카, 네팔, 홍콩, 몽골에 30개 거점이 있고, 이요한 구원파(생명의말씀선교회)는 네팔, 대만, 말레이시아, 몽골,

---

4) 한국세계선교협의회, "2018년 12월 한국선교사 파송 현황."

미얀마, 방글라데시, 베트남, 싱가포르, 인도, 일본, 캄보디아, 태국, 파키스탄, 필리핀, 홍콩에 196개 거점이 있다. 신천지의 경우, 2020년 신천지 총회 자료에 따르면, 중국(18,440명), 몽골(2,773명), 필리핀(704명), 일본(358명) 등 아시아 지역에 전체 해외 신천지 신도 31,849명 중 22,275명(70%)이 몰려있다. 하나님의교회도 대부분의 아시아 지역 국가에서 거점을 확보하고, 사회봉사 등을 앞세워 포교 활동을 진행하고 있다. 이 밖에도, 통일교, 예수중심교회, 만민중앙교회와 미국계 몰몬교, 여호와의증인, 안식교의 활동도 활발한 상황이다.[5]

재외동포가 가장 많이 거주하고 있는 중국과 일본, 그리고 한국교회의 선교가 집중되고 있는 인도차이나반도에 대한 직접 방문 조사 결과를 가지고, 아시아 지역의 한국 이단 문제에 대한 분석을 시도하려고 한다. '무엇이 복음인지'를 전하는 선교와 '무엇이 복음이 아닌지'를 알리는 이단 대처는, 교회사적으로 마치 동전의 양면과도 같다.

중국의 한국 이단

중국은 미국 다음으로 가장 많은 재외동포가 거주하는 지역

---

5) 현대종교, 『해외 K-이단 현황』 (현대종교, 2022), 49-61.

이며, 일제강점기를 전후로 이주한 동포들이 다수 거주하고 있는 동북 3성(랴오닝성, 지린성, 헤이룽장성)에 한국 이단들의 진출이 적극적으로 이루어지고 있다. 한국에서 발흥한 이단들 대부분이 이 지역에서 활동한다고 해도 과언이 아니다.

특히 중국의 동북단에 있는 헤이룽장성은 가장 많은 이단이 발흥한 곳이다. 2017년 여름 헤이룽장성 교회와 종교담당 실무자들의 초청을 받아, '중국의 한국 이단들'과 '한국의 중국 이단들'에 대해 논의하는 모임에 참석한 적이 있었는데, 이때 한국의 이단 대처는 '교회 중심'으로 이루어지고 있는 반면에 중국의 이단 대처는 정부 주도로 진행되고 있다는 사실을 발견했다.

중국 중앙정부는 물론이고 각 성(省)에는, 종교사무국, 공안, 사회과학원, 삼자교회의 실무자들로 구성된 반사교협의회(反邪教協議會)가 이단 문제 연구 및 대처 활동을 이끌고 있다. 한국이 교회를 중심으로 이단 예방과 계도에 초점을 두는 반면, 공안을 중심으로 한 중국의 이단 대처는 발본색원과 재발 방지가 주된 관심이다. 종교의 자유가 헌법으로 보장된 한국의 공권력은 이단의 위법행위가 발생했을 때 개입하지만, 중국에서는 중앙정부는 물론이고 각 성(省)의 관련 기관이 적극적으로 사전개입과 사후처리 기능을 수행하고 있다.

한편, 강력한 정부 중심의 이단 대처는 예상치 않은 결과를 가져왔다. 중국 이단들이 한국으로의 거점 이동을 시도하고 있는 것이다. 한국은 지리적으로 중국과 가깝고, 종교에 대해 상대적으로 관용적이기 때문에, 최근 중국 정부의 통제를 피해 조직적으로 한국에 입국해 거점을 확장해 나아가고 있는 전능신교(Church of the Almighty God 혹은 동방번개, Eastern Lightning)의 활동이 주목받고 있다. 무비자 입국이 가능한 제주도를 거쳐 국내로 들어온 후, 합법적으로 난민을 신청하는 신도들의 숫자가 늘어나 심사에 문제가 발생했고, 이는 최근 정부가 입법 예고한 난민법개정안 마련의 주요한 원인이 되었다.

중국 내 한국 이단들의 활동도 활발하다. 특히, 코로나19의 국내 지역감염 확산장소로 신천지 대구교회가 지목된 후, 코로나19 발생지로 알려진 중국 우한(武汉)에도 신천지 거점이 있었다는 사실이 밝혀지기도 했다. 신천지와 함께, 하나님의교회 활동도 활발하다. 때와 장소를 가리지 않는 하나님의교회의 공격적인 포교 활동은, 한국교회 선교에 대한 중국 정부의 부정적 인식으로 이어져, 한국 선교사들이 정기적으로 추방당하는 원인을 제공하는 부작용을 초래했다.

특히, 신천지의 경우, 지린성 등을 통해 중국 내 주요 도시들로 뻗어나아갔다. 신천지가 발간한 「신천지 12지파 인 맞음 확인 시험」 자료집에 따르면, 신천지 요한지파(상해), 부산야고보지파(북경, 대련, 심양, 천진, 청도), 서울야고보지파(가목사, 길림, 남경, 십언, 연길, 장춘, 학강, 할빈, 계서, 도문, 목단강, 수화)가 이곳에 포교 거

점을 마련해 활동하고 있다.[6]

2019년 10월 25일 부산장신대학교에서 개최된 한중 이단 대책 세미나 및 연석회의에 참석한 루오 쳉(LUO Cheng, 상해사회과학원) 교수는 "상해지역에 신천지에 대한 조사 : 한국의 파괴적인 컬트"라는 주제 발표를 통해, "신천지가 중국에 18개 중심 거점을 설립했으며, 상해 조직의 규모가 가장 크다."라고 설명한 후 "신천지는 중국에 15개 신학원을 갖고 있고, 재정과 조직력이 막강"하며, "최신 유행 코드를 장착하고, 지적인 모습으로, 서양문화를 이용해 접근하는 방법을 통해, 빠른 속도로 성장 중"이라고 소개했다.

루오 쳉 교수에 따르면, 중국의 신천지는 하늘문화세계평화광복(Heavenly Culture, World Peace, Restoration of Light, HWPL)과 세계여성평화그룹(International Women's Peace Group, IWPG) 등의 외곽단체를 이용해 포교하는 한편, 모아진 헌금을 한국으로 보낸다고 한다. 젊은 청년대학생의 경우 "등산, 사진, 댄스, 달리기, 봉사활동 동아리"를 통해 포교하면서, 한 사람을 포교하기 위해 3명 이상이 조직적으로 설계돼 접근하고 있다고 한다. 이 밖에도, 체육행사 자원봉사 모집, 사회봉사단체를 통한 어려운 사람들과의 접촉, 중국 전통의상 입고 걷기대회, KFC, 맥도날드 등에서 일대일 포교, 여성과 아름다움을 주제로 세미나를 개최하

---

6) 신천지 예수교 증거장막성전, 「신천지 12지파 인 맞음 확인 시험」 자료집.

는 등의 다양한 포교 활동을 하고 있다고 발표했다.

특히, 조선족 동포들이 다수 거주하고 있는 동북 3성은, 한국에서 유입된 이단들의 각축장이 돼버렸다. 한국어와 한국문화가 익숙한 곳이기 때문에, 한국 이단들의 포교 거점들이 꾸준히 만들어지고 있고, 이를 기반으로 한국 이단들이 중국 전역으로 확산되고 있다. 중국 내 한국 이단 예방과 대처를 위해, 중국 정부 및 교회와 이단 예방과 대처를 위한 정보교류와 협력을 위한 네트워크 구축이 시급한 상황이다.

월간 「현대종교」에서는, 중국에서 활동하는 한국 주요 이단들에 대한 정보를 공유하기 위해 『한국어·영어·중국어로 간추린 이단 바로 알기』라는 전자도서를 발간했는데, 선교사 및 현지 교회에 무료로 제공하고 있다.

일본의 한국 이단

2022년 7월 8일 아베 신조 전 일본 총리가 거리 유세 중 살해되는 사건이 발생했다. 가해자의 범행 동기가 한국 이단의 뿌리인 통일교와 관련되어 있었다. 가해자의 어머니가 통일교 신도이고, 그동안 거액의 헌금을 통일교에 바치는 등 가족생활이 순탄치 않았는데, 사건 발생 1년 전에 아베 신조가 통일교 주요 행사에서 연설하는 모습을 본 후, 자신과 가족의 억울함을 세상에 알리기 위해 범행을 실행에 옮겼다고 범행 동기를 밝혔다.

이 사건은, 통일교와 일본 정계와 사회 내의 부적절한 스캔들로 발전해, 지금도 일본 사회의 심각한 논란이 되고 있으며, 통일교는 주요 자금 조달 창구인 일본에서, '종교법인 해산명령 청구'가 정부에 의해 진행되는 등 활동에 심각한 제동이 걸린 상태이다.

지리적으로 한국에서 가장 가깝고, 정치·사회적으로도 밀접한 관계에 있는 일본에는 많은 한국 이단들이 진출해 활동하고 있다. 특히, 대도시인 도쿄, 오사카, 후쿠오카 지역을 중심으로 한국 이단들의 활동이 활발하다.

신천지는 맛디아지파(도쿄), 요한지파(후쿠오카), 부산야고보지파(오사카)를 중심으로 복음방 개설과 추수밭 활동을 진행하고 있다.[7] 또한 구원파 계열인 박옥수의 기쁜소식선교회(도쿄, 오사카, 야마가타, 큐슈, 히로시마, 나고야, 치바, 시즈오카, 히메지)와 이요한의 생명의말씀선교회(고리야마, 기후, 나고야, 니가타, 도쿄, 도쿄 신주쿠, 센다이, 야마가타, 오사카, 오사카 중부, 요네자와, 후쿠오카)가 활동하고 있다. 하나님의교회는 도쿄(1998), 요코하마(2002), 교토(2003), 후쿠오카(2007), 요코다(2009), 나고야(2010), 구마모토(2011)에 거점을 확보하고, 포교 활동을 전개하고 있다. JMS(기독교복음선교회)도, 2023년 넷플릭스 "나는 신이다" 방영 이후, 교주 정명석과 측근들이 구속된 상태이지만, 여전히 일본 대학가를

---

7) 신천지 예수교 증거장막성전, 「신천지 12지파 인 맞음 확인 시험」 자료집 및 기쁜소식선교회와 생명의말씀선교회 홈페이지.

중심으로 "섭리" 혹은 "모닝스타"라고 불리며 활동을 멈추지 않고 있다.

코로나19로 인해 신천지의 부정적 이미지가 사회적으로 확산된 것처럼, 아베 신조 살해 사건으로 인해 통일교를 비롯한 한국 이단들의 문제가 일본 사회의 부정적인 주목을 받고 있다. 소위 영감상법(靈感商法)을 통한 통일교의 불법적 자금모금의 피해자를 구제하기 위한 "피해자구제법"과 "개정소비자계약법" 등이 일본 참의원 본회의에서 가결되는 등 통일교 제재와 피해 구제방안이 구체화되는 등, 유력 정치인의 피격살해 사건을 계기로, 일본은 이단 대처의 전환점을 맞고 있다.

인도차이나의 한국 이단들

인도차이나 출신 이주노동자, 유학생, 결혼이민자 등을 통한 한국과의 인적·물적 교류가 활발하게 이루어지는 상황에서, 한국 이단들의 인도차이나 진출도 활발하게 진행되고 있다. 2017~2019년 한국연구재단의 지원으로 인도차이나에 진출한 한국 이단들의 현황에 대한 현지 방문 조사를 시행했는데, 라오스, 베트남, 캄보디아에서 박옥수 구원파의 기쁜소식선교회와 국제청소년연합(IYF), 이요한 구원파의 생명의말씀선교회, 신천지, 통일교, 하나님의교회 등이 주목할 만한 활동을 펼치고 있는 것을 확인할 수 있었다.

이들은 한국 교민들은 물론이고 현지인을 대상으로 적극적인 포교를 진행하고 있어, 향후 국가 간 부정적인 외교 문제로 비화할 수도 있다는 우려가 제기되고 있다. 특히 사회주의를 배경으로, 외국인들의 자국민 포교 활동에 민감한 이들 국가에서 노골적인 포교 활동을 벌이는 한국 이단들로 인해, 다양한 갈등이 유발되고 있다는 부정적인 사례들이 꾸준히 제보되고 있다. 특히, 한국에서 이단에 빠진 이주노동자들과 유학생들의 귀국 및 결혼이민자들의 고향 방문을 통해, 자국민 포교가 이루어지고 있다.[8]

이러한 실태조사를 위해 먼저, 2019년 1월 26~28일에 라오스 비엔티안(Vientiane)을 방문했다. 종교 포교가 인도차이나 다른 국가들에 비해 엄격한 라오스이지만, 기쁜소식선교회와 하나님의교회 활동이 활발했다. 수도 비엔티안에 라오스비엔티안교회가 포교를 준비하고 있었으며, 라오스인 수십 명이 모이는 모임처가 운영되고 있었다. 하나님의교회가 제작한 플래시몹 영상을 보면 이들 대부분은 청년층이었다.[9] 하나님의교회는 라오스에서 스포츠 시합을 위해 한국을 방문한 라오스대표팀을 위한 응원 활동과 라오스 현지 자원봉사활동을 매개로 라오스 사회와의 관련성을 확대해 나아가고 있다.

---

[8] 탁지일, "인도차이나 한국 기독교계 신흥종교운동 현황 연구 : 라오스, 베트남, 캄보디아를 중심으로," 「한국기독교신학논총」 (2020.4) 참조.
[9] 하나님의교회 세계복음선교협회, 〈www.watv.org〉 참조.

둘째, 베트남에서 활동하는 한국 이단들에 대한 현장조사를 위해 2016년 10월 15~22일과 2019년 1월 28일부터 2월 5일까지 두 차례에 걸쳐 베트남의 호치민과 하노이를 방문했다. 2016년에 방문한 호치민 베트남복음주의연합(Vietnam Evangelical Fellowship)은 다양한 교단들, 특히 가정교회들이 중심이 되어 조직된 단체였으며, 장로교, 감리교, 침례교, 성결교, 하나님의성회, 메노나이트 등 다양한 교단들로 구성되어 있다.

2019년에는 하노이에서 베트남복음주의연합 및 기독교선교연맹(CMA, Christian & Missionary Alliance) 관계자들을 만나 인터뷰를 진행했는데, 인도차이나에서 경제적으로 급성장하고 있는 베트남에는 한국교회의 선교뿐만 아니라, 한국 이단들의 포교와 정착도 활발하게 이루어지고 있으며, 이들은 현재 한류를 활용해 적극적인 포교 활동을 펼치고 있다는 사실도 알 수 있었다.

한국 이단 중에는, 기쁜소식선교회 국제청소년연합(IYF)의 활동이 두드러졌는데, 대학가를 중심으로 영어캠프와 문화 활동을 중심으로 자리를 잡고 있었다. 베트남 대학 내에도 IYF 소속 관계자들과 대학생들이 활동하고 있다고 한다.

또한 대규모 집회가 어려운 베트남을 벗어나, 학생들을 캄보디아로 데려가 월드캠프(World Camp)를 정기적으로 개최하고 있었다. 대학가 등 공교육 현장에서 이루어지는 IYF의 활동에 대한 대안 마련이 필요하다는 데 베트남 교회 지도자들은 공감하고

있었다.[10]

특히, 이곳에서는 하나님의교회 활동이 적극적으로 이루어지고 있다. 예전에는 하노이에 약 30여 명 그리고 호치민에는 약 100여 명의 베트남 청년 신도들이 있었던 것을 하나님의교회 홍보 동영상을 통해 추정할 수 있었다.[11] 하지만 최근 제작된 홍보 동영상에는 베트남 호치민에만도 수백여 명의 신도들이 있는 것으로 파악된다. 심지어 호치민 시내 곳곳에서 공개적인 포교 활동을 펼치고 있다. 외국인의 종교 활동이 까다로운 베트남에서, 하나님의교회를 비롯한 한국 이단들의 공격적인 포교 활동은, 한국교회 선교의 걸림돌로 작용하고 있다.

신천지도 예외는 아니다. 한국과 마찬가지로, 베트남 현지 한인교회 내에서 신천지 신도들이 암약하며 활동하고 있다. 최근 국내 신천지 신학원 졸업생 중에는 베트남인들이 다수 있고, 이들이 베트남으로 다시 돌아와 거점을 확보한 후, 포교 활동을 하고 있다는 보고도 있다.[12] 베트남에 인접한 중국의 북경, 상해, 대련, 천진, 심양 등지에서 조직적으로 활동하고 있는 신천지는, 북경과 상해에 천 수백 명의 중국인 신도들을 확보한 것으로 알려졌다. 공산국가에서 외국인의 포교 활동은 어렵지만, 현지인들을 통한 포교는 허용되고 있기에, 한국에서 신천지에 미혹된 베

---

10) 호치민 지역에서 사역하는 베트남 현지 목회자들과의 인터뷰(2016.10.18-20).
11) 하나님의교회 세계복음선교협회, 〈www.watv.org〉 참조.
12) 신천지 예수교 증거장막성전, 〈www.shincheonji.org〉 참조.

트남 이주노동자와 유학생의 귀국 후 활동을 주목해야 한다.

셋째, 캄보디아의 한국 이단들을 연구하기 위해 2016년 4월 18~23일과 2018년 1월 18~23일 두 차례 프놈펜과 씨엠립을 방문했다. 캄보디아에는 다수의 한국교회 선교사들을 통한 선교도 활발하게 진행되고 있었지만, 통일교, 기쁜소식선교회, 생명의말씀선교회, 하나님의교회, 신천지 등의 이단 활동도 주요 도시들인 프놈펜, 바탐방, 씨엠립 등지를 중심으로 광범위하게 이루어지고 있었다.

통일교는 고위 정치인들과의 접촉을 통해 캄보디아에서 활동영역을 확장해 나아가고 있었는데, 캄보디아 곳곳에서 "캄보디아 종교 간 평화 축복 행사" 즉 합동결혼식을 개최하고 있었으며, 문화행사에는 캄보디아 문화단체와 불교 관계자 등을 초청해 관계를 형성하고 있었다. 또 캄보디아 청년대학생들을 대상으로 자전거로 캄보디아 전역을 탐방하는 프로그램도 운영하고 있다.[13]

생명의말씀선교회는 곳곳에서 크고 작은 성경세미나를 지속적으로 진행해오고 있으며, 기쁜소식선교회는 IYF가 주축이 되어 주요 대학 캠퍼스에서 문화행사, 영어캠프, 한국캠프, 월드캠프 등 수천 명의 청소년과 청년대학생들이 참석하는 대규모 행사를 매년 개최해오고 있다. 신천지 외곽조직인 하늘문화세계평

---

13) 세계평화통일가정연합(통일교), ⟨www.ffwp.org⟩ 참조.

화광복(HWPL)과 세계여성평화그룹(IWPG)도 다양한 활동을 내세워 활동 범위를 넓혀가고 있으며, 신천지라는 것을 감춘 채, 캄보디아 사회단체와 지도자들에게 초청장을 보내 신천지 행사에 참여하도록 권유하고 있다.

무엇보다도 하나님의교회 활동을 주목해야 한다. 하나님의교회는 한국을 방문한 캄보디아 국가대표팀 응원 활동을 통해 친밀한 관계를 구축한 후, 캄보디아를 방문해 포교 활동을 진행하거나 교회를 설립한 것으로 보인다. 도시를 중심으로는 체계적인 교리교육을 진행하고, 외곽지역에서는 경제적 지원 등을 통해 관심을 얻어가는 방법을 사용하고 있다.

하나님의교회는, 2004년에 프놈펜에 교회를 세웠고, 2010년에는 씨엠립과 바탐방에 각각 교회를 설립했다. 물이 부족한 지역에 물 펌프를 기증하거나, 의료봉사를 하고, 거리 청소를 하는 등 주민들의 호감을 얻어가고 있다. 또한 이러한 봉사활동 이후에는 정부 기관의 표창을 받고, 이를 홍보에 적극적으로 활용하고 있다. 하나님의교회가 국내외에서 활용하는 포교방식이 캄보디아에서도 그대로 적용되고 있다. 특히, 하나님의교회 설립자이자 "하나님 아버지"로 신격화하는 안상홍의 주요 저서들을 캄보디아어로 번역하거나, 홍보 동영상들을 캄보디아어로 제작하여 배포하는 등, 노골적인 교리 포교도 병행해 진행하고 있다.

한국과 인도차이나 국가 간의 정치, 경제, 문화적 교류가 그 어느 때보다도 활발하게 진행되고 있는 요즘, 한국 이단들의 인도차이나 진출도 광범위하게 이루어지고 있다. 만약 한국 이단들의 포교 활동이 부정적인 사회 문제를 야기할 경우, 양국의 외교 관계뿐만 아니라, 한국교회의 선교도 어려움을 겪을 수 있다.

절대다수의 재외동포가 거주하는 아시아 지역에서, 한국 이단들이 오프라인과 온라인을 오가며 종횡무진 포교 활동을 펼치고 있다. 하지만 선교지에서 이단 문제가 발생할 경우, 지원체계의 미비와 부실로 인해, 선교사들이 고립감과 무력감을 경험하는 현상이 발생하고 있다. 이로 인해, 이단 예방과 대처의 필요성을 선교사들은 절실하게 느끼면서도, 자신에게 이단 피해가 발생하기 전에는 애써 외면하는 모습도 보게 된다. 이단 문제에 관여했을 때 발생할 수 있는 소란이나 마음고생이 두렵기 때문이다. 실제로 한국교회의 지원과 영향력이 취약한 지역에서, 이단들의 공격으로 인해 어려움을 겪은 선교사들이 적지 않다. 때로는 해당 국가 공무원들과 언론을 등에 업은 한국 이단들의 중상모략과 권모술수로 인해 오히려 선교사들이 수세에 몰리기도 하는 일이 비일비재하게 발생한다. 각 교단 해외 선교부는, 선교사들의 선발, 파송, 지원뿐만 아니라, 이단 대처방안을 선교사 파송 교육과정에 포함하고, 한국 이단들로 인해 발생한 선교 현지의 위기를 관리하고 대응할 수 있는 체계적이고 실효성 있는 지침을 마련해야 한다. 이제는 이단 대처 없는 선교는 불가능해졌다.

2. 북미의 한국 이단들

재외동포청의 "재외동포 현황"에 따르면, 2023년 현재 재외국민(영주권자, 일반체류자, 유학생)과 외국 국적자(시민권자)의 경우, 미국이 2,615,419명, 캐나다는 247,362명으로 총 2,862,781명의 재외동포가 북미에 거주하고 있다. 이는 전체 재외동포의 40.43%의 규모이며, 미국은 재외동포가 가장 많은 곳이고, 캐나다는 중국과 일본에 이어 네 번째로 많은 재외동포가 거주하고 있는 국가이다.[14]

미국의 경우 재외동포들이 다수 거주하고 있는 동부지역의 뉴욕과 뉴저지 그리고 서부지역의 LA와 샌프란시스코를 중심으로 한국 이단들의 주요 거점이 형성되어 있고, 캐나다는 밴쿠버와 토론토를 중심으로 한국 이단들이 활동하고 있다.

복음의 전래지 미국과 캐나다로, 한국 이민과 이단들이 활발하게 역진출하고 있는 형세이다. 이로 인해, 북미에서 한국인을 반가워하는 현지인은, 한류에 매혹되거나, 한국인 이단 교주에게 미혹된 이들이라는 이야기가 나올 정도이다. 최근에는 한류를 결합한 이단들의 트렌디한 포교가 기승을 부리고 있다.

1959년 미국에 진출한 통일교를 시작으로, 이민과 유학이 최

---

14) 재외동포청, "재외동포 현황" ⟨www.oka.go.kr⟩.

고점에 이른 1980년대 중반을 기점으로 현재까지, 한국 이단들이 꾸준히 북미에 진출해 활동하고 있다. 특히, 2000년을 전후로는 재외동포 혹은 현지인을 대상으로 한 대면 포교 유형이 다수였지만, 코로나19 전후로는 온·오프라인을 넘나들며 시공간을 초월한 하이브리드 유형의 포교가 주를 이루고 있다. 게다가 북미에서 변형 과정을 거친 한국계 이단들이 국내로 역진입하는 기현상도 나타나고 있다.

미국과 캐나다에서 활동하는 이단들의 유형은 한국보다 다양한 형태로 진화하고 있다. 국내 이단들이 현지에 그대로 이식된 형태도 있지만, 태평양을 건너 정착하는 과정에서 업그레이드된 단체들도 적지 않다. 무엇보다도 교회의 통제가 그나마 이루어지는 국내와는 달리, 익명성과 유동성을 특징으로 하는 미국과 캐나다 동포사회의 이단 문제는 다양한 변이를 거치며 더욱 복잡한 양상을 드러내고 있다.

복음의 전래지, 이단의 발흥지

미국과 캐나다 교회의 한국선교는 개신교 성격 형성에 절대적인 영향을 주었다. 초기 선교를 주도한 6개 교파 선교회 중, 호주장로교를 제외한 5개 선교회(미국 남·북 장로교와 감리교, 캐나다 장로교)가 모두 북미 기반 선교회였다. 1914년 선교지 분할이 완료되면서, 호주선교회가 담당한 경남지역을 제외한 국내 모든 지역은 북미 선교정책과 선교사들의 영향 아래 발전했으며, 이로 인해 한국개신교는 북미 교파주의의 영향을 운명적으로 지니게 되었다.

정교분리원칙에 기반한 종교의 자유가 헌법적으로 보장된 북미에는, 민족적, 문화적, 인종적, 종교적 다양성이 공존해오고 있는데, 정교분리와 다양성은 다른 한편으로 이단들이 발흥할 수 있는 최적의 조건을 제공했다. 다민족, 다문화, 다인종, 다종교, 다언어의 특징은, 나와 신앙이 다르다는 이유만으로 남의 종교활동을 통제할 수 없는 사회적 분위기를 조성했다. 이러한 환경에서, 대표적인 미국계 이단인 예수그리스도후기성도교회(몰몬교, 1830), 제칠일안식일예수재림교회(안식교, 1863), 워치타워성서책자협회(여호와의 증인, 1972)가 발흥했다.

한편 종교에 대한 지나친 관용적 태도는 심각한 사회적 문제의 발생 원인이 되기도 했다. 남미 가이아나 인민사원(Peoples Temple)에서 짐 존스(Jim Jones, 1931-1978)를 따르던 신도 914명이 자살 혹은 타살당한 사건, 텍사스 웨이코에서 데이빗 코레쉬(David Koresh, 1959-1993)를 따르던 다윗파(Branch Davidian) 신도들 82명이 사망한 사건, 샌디에이고에서 UFO를 기다리던 하늘의문(Heaven's Gate) 신도들 39명이 동반 자살한 사건 등이 일어나기도 했다. 북미의 이단사이비 대응은, '사전 예방'보다 '사후 처리'가 일반적이다.

주목할 점은, 서부개척이 본격화되면서부터는 캘리포니아를 중심으로 한 미국 서부지역에서 이단들이 집중적으로 발흥했다는 것이다. 전통적 질서가 부재한 개척지의 불확실성과 불안정성은, 이단의 주장을 거부감 없이 수용할 수 있는 여건을 제공했다. 한인 동포사회의 형편도 이와 유사하다. 이민과 유학을 통해 새롭게 형성된 미국과 캐나다의 한인 재외동포 신앙공동체의 성격은, 이단에 대한 효과적인 예방과 대처에 취약할 수밖에 없는 태생적이고 구조적인 한계를 노출하는 경우가 많다.

통일교의 진출과 영향력

1959년 한국 이단의 뿌리인 통일교가 처음으로 미국에 발을 내디딘다. 초기 포교 활동이 실패를 거듭하던 중, 통일교는 반전의 기회를 마련한다. 통일교 반공(反共) 교리를 내세워, 베트남전쟁 반전(反戰) 목소리가 높았던 미국에서, 노골적인 전쟁 지지 활동을 시작한 것이다.

당시 통일교가 정착을 시도하고 있었던 샌프란시스코 베이 지역(Bay Area)의 버클리대학교는 베트남전쟁 반전 운동의 중심이었는데, 이곳에서 소수의 통일교 신도들이 벌인 베트남전쟁 찬전(贊戰) 시위는 미국 사회의 주목과 당시 미국 정부와 정보부(CIA)의 우호적인 지원을 받는 결정적인 계기가 되었다. 심지어 당시 대통령이던 닉슨으로부터 "베트남의 평화를 위한 귀 단체의 3일 동안의 단식을 통해 베트남의 자유와 정의와 평화를 위한 우리의 싸움을 지지해주신 것에 감사드립니다."라는 감사편지를 받았다.[15] 이때부터 통일교의 미국 내 정치·경제적 영향력은 문선명이 탈세 혐의(1984)로 인해 감옥에 갇힐 때까지 꾸준히 이어진다.

미국 뉴욕지역은 통일교의 종교, 정치, 경제 활동의 중심이다. 맨해튼에는 통일교의 거점인 뉴요커호텔(New Yorker Hotel)이 있고, 뉴욕주 북부 허드슨 벨리(Hudson Valley)에는 문선명의 저택과 통일교신학교 등이 자리 잡고 있다. 현재 후계 구도의 불안정성을 노출하며, 친모와 친자, 친형제들 간의 돈의 전쟁을 벌이며 분열되고 있지만, 통일교의 미국 내 경제적 기반은 여전해 든든해 보인다.

신천지, 하나님의교회, 구원파 등의 다른 한국 이단들과 비교할 때, 통일교의 종교 활동이 자주 노출되지는 않지만, 통일교의 정치, 경제, 언론, 문화 분야에서의 영향력은 뿌리 깊게 내려져 있다. 예를 들어, 워싱턴타임즈(Washington Times), 국제합동통신(UPI), 뉴스월드커뮤니케이션스(News World Communications) 등의 주요 언론사를 통한 정치적 영향력을 유지하고 있으며, 통

---

15) Michael L. Mickler, *A History of the Unification Church in America, 1959-1974 : Emergence of a National Movement* (New York & London : Garland Publishing, Inc., 1993), 146.

일교가 운영하는 사업체 중의 하나인 트루월드푸드(True World Foods)는 미국과 캐나다의 8,300개 음식점에 생선을 공급하면서 5억 달러가 넘는 연간수입을 벌어들이고 있다.[16]

교민사회로 파고드는 신천지

　신천지가 북미에서 광폭 행보를 이어가고 있다. 최근에는 재외동포를 넘어, 현지인들에게로 포교 영역을 확장하고 있다. 이민 1.5세나 2세들도 신천지에 다수 미혹되고 있어 우려를 낳고 있다. 모략, 즉 거짓말과 위장을 기본으로 한 신천지의 미혹이, 북미 동포사회를 중심으로 은밀하고 치밀하게 진행되고 있다.

　예를 들면, 국내 신천지 신도들에게, 미국과 캐나다에 이민 혹은 유학 중인 친인척들에 대한 상세한 신상명세를 제출하도록 한 후, 이들 정보를 기반으로 현지에서 거짓말과 위장으로 접근하는 방식으로 포교를 진행한다. 힘든 외국 생활 중인 이민자나 유학생들에게, 마치 자신의 형편이나 처지에 관해 속속들이 알고 있는 것처럼 다가와 친절을 베푸는 신천지 신도들을 거절하기가 쉽지 않고, 이러한 친밀한 관계 포교를 통해 신천지에 미혹되는 사례가 적지 않다.

16) Daniel Fromson, "The Untold Story of Sushi in America" *The New York Times* (2021.11.14).

또한 재외동포들이 밀집된 지역에서는, 한인교회에 위장 잠입해 친밀한 관계를 형성한 후, 신천지로 데리고 가는 전형적인 신천지의 포교 방법을 사용하고 있다. 목회자와의 갈등을 유도하거나 악화시켜 교회를 분열시키거나, 교인들 사이에서 이간질을 통해 분란을 조장하거나, 신앙공동체를 무력화시키는 일도 벌이고 있다. 또한 규모가 작은 교회의 경우에는, 다수의 신천지 신도들이 등록한 후, 목회자와 기존 교인들을 내쫓고 교회를 장악하는 소위 "산 옮기기"까지 자행하고 있다는 제보와 상담이 들어오고 있다. 신앙공동체를 기반으로 형성된 북미의 이민사회 성격상, 신천지의 이러한 거짓말과 위장 포교 활동은, 재외동포 사회의 분열과 불신으로 이어지는 부작용을 낳고 있다.

코로나19 이후에는 신천지의 외곽 조직인 하늘문화세계평화광복(HWPL), 세계여성평화그룹(IWPG), 국제청년평화그룹(International Peace Youth Group, IPYG)을 내세워 현지 사회를 향한 위장 포교를 진행하는 한편, 이러한 활동을 국내로 역수입해 홍보에 사용하면서, 포스트 이만희 체제의 불안감 속에 있는 내부 통제와 교육에 활용하고 있다.

2017년 발간된 「신천지 12지파 인 맞음 확인 시험」 자료집과 공식 홈페이지에 따르면, 신천지 요한지파(경기도)는 캐나다 밴쿠버를 비롯해 LA와 워싱턴 D.C., 다대오지파(경상북도)는 시카고와 뉴욕, 맛디아지파(충청도)는 텍사스, 도마지파(전라북도)는 샌프란시스코를 거점으로 활동하고 있다. 특히, LA, 시카고, 뉴욕, 텍사스, 샌프란시스코 지역은 미국 거주 재외동포들이 밀집된 지역으로, 신천지의 포교가 동포사회와 이민교회를 중심으로 조직적으로 진행되고 있음을 여실히 보여주고 있다.[17]

주류사회에 뿌리내리는 하나님의교회

하나님의교회 세계복음선교협회의 북미 내 행보는 독보적이다. 하나님의교회의 홍보 동영상과 자료에 따르면 캐나다 주요 도시 및 미국 내 50개 주에 거점을 마련했으며, 실제로 각 거점의 홍보자료와 이미지들을 참조하면, 적지 않은 신도들이 정기적으로 모이고 있는 것을 알 수 있다.

미국의 뉴욕 지역만 해도 뉴윈저(New Windsor)와 미들타운(Middletown) 등을 비롯한 다수의 대규모 거점들이 있고, 수년 전에는 퀸즈(Queens)에 새로운 거처를 마련했다. 특히 한국에서의 전략과 마찬가지로 알바니, 롱아일랜드, 햄스테드주립공원 등 곳곳에서 환경정화 봉사활동을 진행하며 주변 사회에 긍정적 이미지를 심고 있다. 캐나다의 경우 대도시인 토론토와 밴쿠버에 거점을 마련하고 공격적인 거리 및 가가호호 방문 포교를 진행

---

17) 신천지 예수교 증거장막성전, 「신천지 12지파 인 맞음 확인 시험」 자료집 (2017) 및 신천지 공식 홈페이지, 〈www.shincheonji.org〉.

하고 있다.

수년 전 상담을 위해 만났던 토론토에 거주하는 한 캐나다 여성은, 고등학생이었던 자신의 딸이 하나님의교회에 빠진 후 집을 가출했고, 수입의 거의 절반을 하나님의교회에 바치고 있으며, 자신의 어머니는 한국에 있는 "어머니 하나님" 장길자이기 때문에, 자신을 어머니라고 부르지 않고 이름을 부르고 있다고 울면서 도움을 요청했다.

하니님의교회는, 한인들보다는 주로 현지인들을 포교대상으로 삼고 있어서, 하나님의교회 존재와 활동에 관해 교민사회나 이민교회가 인지하지 못하고 있는 경우가 많다. 하지만 하나님의교회의 2012년 시한부 종말 주장으로 인한 부작용이 나타나면서, 미국 주요 언론들의 주목을 받기도 했으며, 하나님의교회 관련 피해자들이 "Examining The World Mission Society Church of God"(www.examiningthewmscog.com) 등을 통한 조직적인 반대 활동을 시작하면서, 법적 소송으로 이어진 사례도 나타나고 있다.

하나님의교회는 영문 공식명칭으로 World Mission Society Church of God(WMSCOG)이라는 이름으로 활동하면서, 캐나다에는 밴쿠버, 에드먼튼, 토론토, 그리고 미국에는, 뉴저지(이스트 저지), 캔자스(위치토), 네브래스카(오마하), 괌, 콜로라도(콜로라도 스프링스, 덴버), 노스다코타(마이넛), 오레곤(포틀랜드), 와이오밍(샤이엔), 펜실베이니아(피츠버그, 필라델피아), 미시간(랜싱), 뉴멕시코(앨버커키), 유타(솔트레이크), 뉴욕(제2맨해튼, 뉴욕), 텍사스

(오스틴, 포트워스, 댈러스, 샌안토니오, 앨패소, 휴스턴), 코네티컷(메리덴), 오클라호마(오클라호마시티), 워싱턴(시애틀), 오하이오(콜럼버스), 뉴햄프셔(맨체스터), 네바다(라스베이거스), 인디애나(인디애나폴리스), 테네시(멤피스), 워싱턴 D.C., 캘리포니아(LA, 제2LA, 제3LA, 샌디에이고, 제2샌디에이고, 리버사이드, 샌프란시스코), 플로리다(마이애미, 올랜도), 일리노이(시카고), 매릴랜드(보스턴, 볼티모어), 하와이(호놀룰루), 노스캐롤라이나(샬럿), 아리조나(피닉스), 조지아(애틀랜타) 등에 광범위한 포교 거점을 마련해 활동하고 있다.

생명의말씀선교회와 기쁜소식선교회 구원파

구원파 계열의 생명의말씀선교회(Life World Mission, 이요한)와 기쁜소식선교회(박옥수)의 활동도 주목된다. 생명의말씀선교회는 교세는 크지 않지만, 국내외 네트워크를 기반으로 꾸준히 연합 수양회, 교사와 청년 수련회, 평신도 집회 등을 북미에서 이어가고 있다. 캐나다에 교회 4곳과 선교사 3명이 밴쿠버, 캘거리, 토론토, 몬트리올을 중심으로 활동하고 있고, 미국에는 교회 24곳과 선교사 27명이 LA, 괌, 버지니아, 일리노이, 뉴욕, 뉴저지, 달라스, 덴버, 라스베이거스, 로턴(오클라호마), 미시간, 샌안토니오, 샌프란시스코, 시애틀, 시카고, 애틀랜타, 애쉬빌, 올랜도, 워싱턴, 콜로라도, 하와이, 휴스턴 등지에서 활동하고 있다.

기쁜소식선교회(Good News Mission, 박옥수)도 북미에서 적극적으로 활동을 하고 있다. 최근 기쁜소식인천교회에서 발생한 여고생 사망 사건과 김천대학교 인수로 인해 사회와 교계의 주목을 받는 기쁜소식선교회는, 한인 중심의 생명의말씀선교회와는 달리, 현지 정계, 재계, 문화계, 교육계에 적극적으로 접근해 영향력 확대를 시도하고 있다.

박옥수의 교리 설파는, 그라시아스합창단(graciaschoir.com) 공연과 함께 진행되는 경우가 대부분인데, 합창단 단장인 박옥수의 딸이 여고생 사망 사건과 관련하여 아동학대살해 등의 혐의로 구속되어 활동에 제동이 걸린 상태이다. 무엇보다도 죄 사함과 거듭남을 통한 구원을 주장하던 박옥수의 딸이자 기쁜소식선교회의 핵심인물이 장기간 폭언과 폭행을 자행하며, 아동학대살해 혐의로 구속됨으로써, 박옥수 구원파의 이율배반적인 교리적 허구성이 적나라하게 드러난 상태이다.

특히 그라시아스합창단 단원들의 양성소로 알려진 마하나임 음악원(mahanaim.com)이 뉴욕 헌팅턴(Huntington)에 있으며, 음악교육과 ELS 과정을 개설해 운영하고 있다. 음악원의 이사장은 박옥수이고, 그의 딸은 이사 겸 음악원장으로 재직하면서 가족경영을 하고 있다. 최근 기쁜소식선교회가 인수한 김천대학교 경우에도, 마하나임음악원과 마찬가지로 박옥수와 딸이 각각 이사장과 이사로 등재되어 있다.

기쁜소식선교회는, 캐나다에는 밴쿠버, 위니펙, 토론토, 오타와, 몬트리올, 그리고 미국에는 58개 지역에 거점을 가지고 있으며, 대부분 '기쁜소식○○교회' 형식으로 명칭이 통일되어 있어 쉽게 식별할 수 있다. 이와 함께, 기쁜소식선교회 핵심 기관인 국제청소년연합(IYF)에서 주관하는 월드캠프, 굿뉴스코해외봉사단, 대학생리더스컨퍼런스, 굿뉴스코페스티벌, 세계문화댄스페스티벌, 세계문화엑스포, 세계청소년부장관포럼, 국가공무원포럼, IYF교육포럼 등의 대규모 국제행사를 정기적으로 개최되고 있으며, 재외동포 자녀들에게 행사 참가를 권유하는 방식으로 포교를 진행하고 있다.

온라인, K-이단의 주요 서식지

북미는 온라인 환경이 최적화된 곳으로, 교주와 교리와 거점을 특정할 수 있었던 이전의 오프라인 이단 유형과는 달리, 온라인과 한류에 기반한 한국 이단들의 시공간을 초월한 활동에 대한 정체 파악뿐만 아니라 대안 마련이 여의치 않은 상황이다.

최근에는 북미에 기반을 둔 이단성이 있는 소규모 단체들이 유튜브와 블로그를 통해 국내 기독교인들에게 접근한 후, SNS와 화상채팅을 통해 모임과 교육을 진행하는 일이 많아지면서, 가정과 돈과 성 문제로 비화되는 경우가 종종 발생하고 있다. 특히, 겉으로는 건전한 일반 교회의 목회자나 교인으로 있으면서, 실제로는 온라인을 통해서 비성경적인 예언, 치유, 치병을 내세워 은밀하게 활동하는 이들이 적지 않다.

고화질과 고음질의 이단 동영상, 숏츠, 블로그가 온라인에 셀 수 없이 업로드되어 있으며, 스스로 손품을 팔아가며 자발적으로 이단 콘텐츠를 찾아다니고, 알고리즘에 의해 지속적으로 영향을 받는 기독교인들이 늘어나는 추세이다. 게다가 비성경적인 콘텐츠 링크를 지인들과 거리낌 없이 공유하는 일이 수시로 발생하고 있어, 국내외 교회의 심각한 고민거리로 등장했다.

심지어 읽고 시청하는 것을 넘어, SNS를 통해 실시간으로 소통하고, 필요할 경우 음성과 화상으로 교류하는 과정을 거치면서, 몸은 가정과 교회에 머물러 있지만, 마음은 비성경적 위기론과 음모론의 이단적 사상 속을 떠돌며, 심지어 재정적인 후원도 하는 사례들이 보고되고 있다. 바야흐로 북미는 온라인 환경을 기반으로 한류를 이용해 포교하는, 한국계 온라인 이단들의 주요 서식지가 되고 있다.

복음의 전래지이자 한인 동포들의 최대 거주지인 미국과 캐나다가 한국 이단들의 주요한 활동 무대가 되었다. 한국 이단들이 양의 옷을 입고, 비성경적 교리를 감춘 채, 교민사회와 한인교회의 분열과 불신을 조장하거나, 국가와 교회의 이미지를 훼손하는 일이 발생하고 있다.

광범위한 미국과 캐나다 곳곳에 분포하고 있는 동포사회와 한인교회의 특성상, 국내처럼 효율적이고 체계적인 이단 대처가 쉽지 않은 상황이다. 이단 예방과 대처를 위한 실효성 있는 안전장치의 마련이 시급하다.

먼저, 북미 각 지역 기독교연합회 중심으로 대안을 마련해 나아가는 것이 중요하다. 연합회 차원의 연합 예방교육과 대처가 효과적이다. 검증된 유튜브 이단 교육 동영상을 적극적으로 활용하는 것도 좋은 방법이다. 그리고 이단 문제와 관련해 궁금한 점이 있다면, 「현대종교」(www.hdjk.co.kr)를 비롯한 공신력 있는 기관으로부터 정보를 얻어야 한다. 만약 사실 여부가 확인되지 않은 온라인 정보를 공유할 경우, 선의의 피해자가 발생하거나, 때로는 법적인 책임을 져야만 하는 상황이 생길 수 있기 때문이다. 특히, 이단 피해가 발생할 경우, 온라인을 통한 국내 공신력 있는 이단 상담 기관들과의 비대면 상담 방안을 적극적으로 모색해야 한다. 얼마 전 미국 뉴저지한인교회협의회가 주최한 비대면 이단대책세미나를 진행한 후, 필자가 관여하는 「현대종교」와 「부산성시화 이단상담소」와 협의회 간에 이단관련자료, 이단예방교육, 무료 이단상담 제공을 위한 업무협약을 체결한 바 있다. 세계화하는 한국 이단들이 문제라면, 국내 교단, 교회, 기관을 연결하는 글로벌 이단대처 네트워크의 구축이 대안이 될 것이다.

3. 유럽의 한국 이단들

개신교의 본고장 유럽에서 시작된 복음 전도는, 대서양을 건너 북미로, 그리고 태평양을 건너 한국에 이르렀다. 이후 기독교가 쇠퇴하고 있는 유럽에 한국교회의 선교가 본격화되면서, 동시에 한국 이단들도 유럽에 진출하기 시작했다.

2023년 현재, 유럽에는 654,249명의 재외동포가 살고 있다. 이는 동북아시아(중국과 일본, 41.12%)와 북미(미국과 캐나다, 40.43%)를 제외하고 가장 많은 재외동포(9.24%)가 거주하는 지역이다. 특히 1930년대 소련의 강제이주 정책으로 인해, 우즈베키스탄(174,490명, 26.67%), 러시아(124,811명, 19.08%)와 카자흐스탄(121,130명, 18.51%)에 현지 국적의 고려인들이 다수 거주하고 있다.[18]

한편 동서유럽에서 재외국민(영주권자, 일반체류자, 유학생)과 외국 국적자(시민권자)를 포함한 재외동포가 가장 많이 거주하는 국가는 독일(49,683명, 7.59%)이며, 독일 다음으로는 영국(39,097명, 5.98%)과 프랑스(27,055명, 4.14%)이다. 물론 유럽 한국 이단들의 주요 거점 지역도 독일, 영국, 프랑스로 나타나고 있으며, 지정학적 요충지인 독일 지역을 중심으로 한국 이단들이 유럽 전 지역

---

18) 재외동포청, "재외동포 현황" ⟨www.oka.go.kr⟩.

으로 확산하고 있다.

한국세계선교협의회(KWMA)에 따르면, 2023년 현재 174개국에서 한인 선교사가 사역하고 있고, 최대 선교사 파송 지역은 아시아(12,889명), 북미(2,333명), 유럽(1,911명)이라고 한다. 결론적으로, 재외동포 다수 거주지역에 한국교회의 선교도, 이단들의 침투도 함께 집중되고 있는 양상이다.[19]

아시아와 북미의 한국 이단들의 경우처럼, 유럽 내 한국 이단들의 침투(浸透)와 서식(棲息)도 재외동포들을 매개로 이루어지고 있으며, 여기에 한류(韓流)가 한몫하고 있다.

신천지의 동성서행

신천지의 유럽 활동 전략은 동성서행(東成西行)이다. 신천지에 따르면, "동쪽에서 이룬 것을 서쪽에 가서 전함"이라는 의미라며, "유럽에서 시작된 하나님의 역사가 땅끝 동방의 대한민국에서 이루어졌음을(西氣東來), 다시 서방 세계에 알리는 것"이라고 주장한다.[20]

신천지는 국내와 마찬가지로, 위장과 거짓말을 기본으로 하는 모략 포교전략을 유럽에서도 사용하고 있다. 재외동포들을

---

19) 한국세계선교협의회, "2023년 한국선교 현황"(2024).
20) "동성서행(東成西行) 계시말씀 전파"「천지일보」(2012.6.15).

대상으로는 거짓말, 그리고 현지인들에 대해서는 위장으로 접근한다. 무엇보다도 한인교회에 정체를 감추고 침투해 포교활동을 한다. 목회자와 교인, 교인과 교인 사이의 갈등과 분열을 조장하면서, 교회에 대한 장악력을 확장하는 포교전략도 일반적이다.

심지어 한인교회에 침투해 소위 "산 옮기기"(교회 장악)도 진행한다. 즉, 다수의 신천지 신도들이 동시다발적으로 소규모 한인교회에 침투해, 거액의 헌금을 통해 재정적 영향력을 행사하고, 폭넓은 활동을 통해 신임을 얻고, 교인들과 친밀한 관계를 형성하면서 목회자를 고립시킨 후, 마침내 교회를 장악하는 전략이다.

특히 지역적으로 독일은 신천지 최대 활동지역이다. 지정학적인 위치와 한국과의 접근성 및 활발한 교류 등으로 인해, 베를린(Berlin), 프랑크푸르트(Frankfurt), 에센(Essen)에 한국 이단들의 거점이 형성되었다. 2012년에는 독일에서 '유럽 신천지 말씀대성회'를 개최했다.

신천지가 2017년에 발간한 「신천지 12지파 인 맞음 확인 시험」 자료집에 따르면, 신천지 12지파 조직 중, 안드레지파(부산경남동부, 에센), 시몬지파(서울경기북부, 프랑크푸르트), 마태지파(인천, 베를린)가 독일에 포교 거점을 갖고 있다. 「신천지 12지파 인 맞음 확인 시험」에 게재된 사진들을 참조하면, 독일 에센에 30여 명, 프랑크푸르트에 70여 명, 베를린에 80여 명의 핵심 신도들이 있는 것으로 보인다. 이 밖에 바돌로매지파(서울경기서부)가 담당하는 네덜란드 스키담(Schiedam)에는 30여 명의 핵심 신도가 있는 것으로 추정된다. 이들 핵심 신도들 외에도 신천지 입문 단계 및 접촉 중인 신도들을 고려하면, 독일과 네덜란드의 200여 명을 상회하는 신천지 핵심 신도들이 활동하고 있는 것으로 분석된다.

이들 지역을 거점으로, 신천지는 유럽 곳곳으로 확산되고 있으며, 특히 독일, 영국, 오스트리아, 프랑스, 이탈리아, 네덜란드, 스페인, 체코에서 신천지 활동에 대한 우려와 제보가 있다. 2018년 "신천지 교세 현황"에 따르면, 유럽 9개국에서 활동하고 있는 것으로 나타나 있다.

영국에서는 현지 교회의 성경공부에 정체를 감추고 참여해 신천지 포교를 하거나, 대학 캠퍼스에서 모략 포교에 미혹된 학생이 학업을 포기한 사례도 언론에 보도된 바 있다. 또한 2016년 영국 일간지 「텔레그라프(The Telegraph)」는, 정체를 감추고 포교하는 신천지 관련 기사에서, 자선단체로 등록된 파라크리스토(Parachristo)가 "런던 도크랜드 지역 보톡스 시술 클리닉과 개인 회사 등에서 비밀리에 성경공부 과정을 운영하고 있는데, 한국에서 하나님의 대언자라고 주장하는 이만희의 신천지와 연결된 것으로 보인다."고 보도했다.[21]

---

21) Harry Farley and John Bingham, "Exclusive : Churches warned of 'deceptive cult' linked to South Korea infiltrating congregations" *The Telegraph* (2016.12.10).

유럽 지역의 대부분의 신천지 조직들은 위장 포교를 기본으로 진행하고 있다. 또 다른 지역들과 마찬가지로, 하늘문화세계평화광복(HWPL), 세계여성평화그룹(IWPG), 국제청년평화그룹(IPYG) 등의 외곽조직을 내세워 현지 사회와 교회에 접근하고 있다.

특히 독자적인 인터넷 홈페이지를 운영하면서 공개적인 포교 및 홍보 활동을 진행하고 있는 독일 프랑크푸르트와 베를린의 신천지 조직이 주목된다. 이들은 "시몬지파 프랑크푸르트 신천지(Shincheonji Frankfurt Simon, frankfurt.shincheonji.de)"와 "마태지파 베를린 신천지 예수 공동체(Shincheonji Gemeinde Jesu Stamm Matthäus - Berlin, www.berlin.shincheonji.de)"라는 명칭을 내세워 온라인상에서 공개적인 포교를 진행하고 있다.[22]

하나님의교회 사회봉사

재외동포와 한인교회에 주로 접근하는 신천지와는 달리, 하나님의교회는 사회봉사 활동을 매개로 현지인들에게 접근하면서 영향력 확대를 시도하고 있다. 유럽 각 지역에서 봉사활동을 진행한 후, 이를 근거로 현지 공공기관들의 표창을 받고, 이를 홍보에 활용하면서 포교에 이용한다. 예를 들면, 하나님의교회는

---

22) 미국의 이단 예방 및 대처 활동가인 에스라 김 목사의 "독일 신천지 현황 보고서"(월간 「현대종교」 2023년 12월호)를 통해 자세한 정보를 얻을 수 있다.

2016년 영국 '여왕 즉위 50주년 기념 지역사회 자원봉사단체상'을 수상하고, 이를 국내외에서 홍보에 적극적으로 활용한 바 있다.

하나님의교회는 현재 유럽 내 29개국에서 44개의 도시에 거점을 확보한 것으로 파악되고 있다. 그리스(테살로니키, 아테네), 네덜란드(로테르담, 암스테르담), 덴마크(코펜하겐), 독일(에센, 베를린, 프랑크푸르트, 카이저슬라우테른, 함부르크, 뮌헨), 라트비아(리가), 러시아(블라고베센스크, 카잔, 크라스노다르, 블라디보스토크, 첼랴빈스크, 하바롭스크), 루마니아(부쿠레슈티), 리투아니아(빌뉴스), 벨라루스(민스크), 불가리아(소피아), 세르비아(베오그라드), 스웨덴(스톡홀름), 스페인(마드리드, 바르셀로나), 슬로바키아(브라티슬라바), 아르메니아(예레반), 아일랜드(더블린), 알바니아(티라나), 에스토니아(탈린), 영국(멘체스터, 런던), 오스트리아(빈), 이탈리아(로마), 체코(프라하), 크로아티아(자그레브), 터키(이스탄불), 포르투갈(리스본), 폴란드(바르샤바), 프랑스(파리), 핀란드(헬싱키, 탐페레), 헝가리(부다페스트)에 거점을 확보하고 있다. 지역별 신도들의 단체사진들을 참조하면, 각 도시의 거점마다 적게는 십수 명부터 많게는 수백 명에 이른다. 특히, 독일(에센, 베를린), 영국(멘체스터), 스페인(마드리드), 네덜란드(암스테르담)에 다수의 신도를 확보하고 있다.[23]

유럽의 하나님의교회 현황은, 하나님의교회 홈페이지에 드러

---

23) 하나님의교회 홈페이지, 〈news.watv.org〉.

난 단체 사진을 통해 각 국가와 도시별 신도 규모를 파악할 수 있으며, 또한 유튜브의 "I Have Already Come"이란 제목의 플래시 몹을 참조하면, 유럽을 비롯한 전 세계 하나님의교회 신도 현황을 대략 파악할 수 있다.[24]

유럽의 하나님의교회는, 한국과 마찬가지로 사회봉사라는 긍정적 이미지를 이용해 사회로 파고들고 있다. 환경정화 운동, 양로원 방문 봉사, 헌혈, 아동 병원 봉사 등을 통해 현지에 침투하면서, 이를 통해 사회적 공신력을 확보하고, 정계와 언론계로 영향력 확대를 시도하고 있다. 한국교회에 의해 반기독교적인 이단으로 규정되었지만, 유럽에서는 사회봉사 활동 등으로 위장한 양의 옷을 입고 합법적이며 공개적인 대규모 미혹 활동을 벌이고 있다.

특히, 하나님의교회의 핵심 외곽조직인 아세즈스타(Asezstar, 청소년 대상), 아세즈(Asez, 대학생 대상), 아세즈와오(Asez Wao 일반인 대상)를 통해 국내외에서 활발한 봉사 활동을 펼치고 있다.[25] 이 중에서 아세즈와 아세즈와오가 유럽 각지에서 조직적이고 체계적인 봉사 활동을 펼치면서, 긍정적 이미지와 인지도를 동시에 확보해 나아가고 있다.

---

24) ⟨news.watv.org⟩ 그리고 ⟨www.youtube.com/watch?v=_vYuESKvQQo⟩.
25) 아세즈 홈페이지, ⟨asez.org⟩.

구원파의 문화포교

유럽에서의 구원파 흔적은 1970년대 중반으로 거슬러 올라간다. 기독교복음침례회 유병언은 한 달여 간 유럽을 여행하면서, 독일에서 간호사로 일하는 신도들을 만났는데, 힘든 노동 속에서 어렵게 번 돈을 국내로 송금하며 살아가는 간호사들은 유병언을 위해 거액의 헌금을 전달했다. 하지만 유병언은 이 돈을 사사로이 소비했고, 이로 인해 간호사들은 구원파와 유병언에게 환멸을 느꼈다고 한다.[26] 벌써 반세기 전의 일이다.

구원파는 유병언의 기독교복음침례회, 이요한의 생명의말씀선교회, 박옥수의 기쁜소식선교회의 세 분파로 나누어져 있다. 이들 중 현재 유럽에서는 생명의말씀선교회와 기쁜소식선교회가 광범위하게 활동하고 있다.

생명의말씀선교회(이요한 구원파)는 성경세미나와 계절별 수양회를 중심으로 유럽 8개국, 33개 도시에서 25명의 선교사가 활동하고 있다. 이들의 거점은 독일(도르트문트, 베를린, 쾰른, 프랑크푸르트), 러시아(모르도바, 모스코바, 블라디카프카스, 상트페테르부르크, 트베리), 루마니아(나사웃, 비스트리차), 스페인(갈라파가르, 꼬자도비잘바, 꾸엥까, 따랑꼰, 라코루냐, 란사로테, 로께따스데마르, 마드리드, 마드리드 동부, 말라가, 메리다, 무르시아, 바르셀로나, 발렌시아, 세

---

26) 백성호, "그들에게 유병언은 누구인가" 「중앙일보」 (2014.6.1).

고비아, 알메리아, 카스테온, 폰페라다), 영국(런던), 이탈리아(밀라노), 튀르키예(이스탄불), 프랑스(파리)이며, 특히 스페인은 18개 주요 도시에 거점을 확보해 14명의 선교사가 활동하고 있는 유럽 포교의 거점 국가이다.[27]

기쁜소식선교회(박옥수 구원파)는 러시아를 포함한 유럽 20개국, 35개 도시에 거점을 가지고 있다. 불가리아(소피아), 독일(프랑크푸르트, 괴팅겐, 뒤셀도르프, 베를린, 레겐스부르크), 헝가리(부다페스트), 체코(프라하), 핀란드(헬싱키), 프랑스(파리), 오스트리아(비엔나), 폴란드(바르샤바), 루마니아(부쿠레슈티), 이탈리아(로마), 튀르키예(이스탄불), 마케도니아(스코페), 알바니아(티라나), 포르투갈(리스본), 스페인(마드리드), 영국(런던), 러시아(모스코바, 상트페테르부르크, 하바롭스크, 이르쿠츠크, 블라디보스토크, 이젭스크, 블라디카프카즈, 니즈니노브고라드, 옴스크, 뷔보르그), 아르메니아(예레반), 우크라이나(키예프, 하리쿕, 오데사), 조지아(트빌리시)이며, 러시아에만 10개의 거점을 가지고 있으며, 정기적인 성경세미나로 포교를 진행한다.[28]

기쁜소식선교회의 경우, 국내외 모두 '기쁜소식○○교회' 형식의 이름을 사용하고 있어 식별이 용이하다. 예를 들면 불가리아는 기쁜소식소피아교회, 체코는 기쁜소식프라하교회, 프랑스는 기쁜소식파리교회라는 공식명칭을 사용하고 있다.

27) 생명의말씀신교회 홈페이지, 〈jbch.org〉.
28) 기쁜소식선교회 홈페이지, 〈goodnews.or.kr〉.

무엇보다도 기쁜소식선교회는 핵심 조직인 국제청소년연합(IYF)을 내세워 청소년과 청년대학생들에게 효과적으로 파고들고 있다. 유럽 26개국(러시아, 아르메니아, 카자흐스탄, 타지키스탄, 우크라이나, 우즈베키스탄, 키르기스스탄, 조지아, 알바니아, 독일, 이탈리아, 포르투갈, 스페인, 프랑스, 영국, 오스트리아, 네덜란드, 헝가리, 체코, 핀란드, 불가리아, 폴란드, 루마니아, 이스라엘, 튀르키예, 마케도니아)에 거점을 두고, 글로벌교육(영어말하기대회, 영어캠프), 사회봉사(굿뉴스코 해외봉사단), 국제교류(월드문화캠프, 세계장관포럼, 세계대학총장포럼, 댄스페스티벌), 문화교류(세계문화체험박람회, 굿뉴스코 페스티벌)를 중심으로 활동하면서, 여러 정부 기관들과의 업무협약을 통해 포교의 발판을 마련하고 있다. 최근에는 마인드 교육을 내세워 포교와 교리 교육을 동시에 진행하고 있다.[29]

또한 세계 50여 개국에서 진행되는 월드캠프(World Camp)를 런던과 프라하 등 유럽 도시에서도 진행하는 한편, 유럽 대학가에도 IYF가 조직적으로 침투하고 있다. 이러한 활동을 통해 관계가 형성된 현지 청소년과 청년대학생을, 매년 부산 벡스코에서 개최되는 월드캠프에 초청해 교리 교육과 인적 교류를 강화한다. 월드캠프는 최신 K-문화 코드를 이용한 문화공연, 마인드 강연, 명사 초청 강연, 클래식 공연, 지역문화 관광 등으로 구성되어 참가자들의 관심을 끌고 있다.

---

29) IYF 홈페이지, 〈iyf.or.kr〉.

영국의 INFORM과 프랑스의 MIVILUDEs

개신교의 본고장 유럽으로 스며드는 한국 이단들의 형세가 우려할 만하다. 기독교 역사가 사회문화 곳곳에 스며들어 있는 곳, 종교 자유를 위한 끊임없는 저항과 갈망이 존재하는 곳, 다양성을 인정하면서 통합을 지향하는 유럽에서의 이단 예방과 대처는 전혀 쉽지 않다.

하지만 유럽의 한국 이단들에 대한 예방과 대처를 위해 주목할 만한 현지의 기관이 있다. 하나는, 필자의 이단 연구에 있어서 주요한 벤치마킹 대상인 영국의 INFORM(Information Network Focus on Religious Movements)이고, 다른 하나는 프랑스의 MIVILUDEs(Mission interministérielle de vigilance et de lutte contre les dérives sectaires)이다.

먼저, 영국의 INFORM은 런던정경대학(London School of Economics) 사회학과 명예교수인 아이린 바커(Eileen Barker)가 설립한, 종교 운동 관련 정보를 제공하는 것을 주요한 목적으로 삼고 있는 대표적인 연구기관이다. 바커가 저술한 *The Making of a Moonie : Choice or Brainwashing?*(Blackwell Publishers, 1984)은 통일교 연구에 있어서 가장 주목할 만한 저술 중 하나로 손꼽힌다. 영국에서 통일교가 소송을 진행할 때, 마땅한 증인을 찾을 수 없자 자신들에게 비판적인 바커를 증인으로 신청할 정도로 그녀의 공신력은 인정받고 있다.

INFORM은, 영국 학계와 교계(영국의 주요 교단들)와 정부(영국 내무성)의 공동 지원과 협조로 운영되는 곳이다. INFORM은 설립 목적에 대해, "학술적 연구의 통찰력과 방법을 공적인 영역에 도입함으로써, 잘못된 정보로 인한 비주류 종교 단체와 분파의 피해를 예방하는 한편, 이들에 대한 정확하고 공신력 있는 최신 정보를 제공하는 것"이라고 밝히고 있다.

INFORM이 제공하는 정보와 연구자료는 공신력 있게 사용된다. 만약 문제성 있는 역기능이 노출되는 종교 단체와 개인이 감지될 경우, 학계는 문제점을 분석해 대중에 전달하고, 교계는 건전한 종교문화 형성을 위한 목적으로 사용하며, 정부는 예상되는 문제점들에 대해 선제적 대안을 마련하는 데 INFORM의 연구 결과물을 사용한다. 필자와 「현대종교」의 연구 활동의 모델이기도 하며, 현재 필요할 경우 INFORM과 각종 종교 단체와 개인에 관한 정보를 교류하며 상호 도움을 주고받고 있다. 무엇보다도 유럽에서 활동하는 신흥종교운동 및 이단·사이비에 관련한 상세하고 공신력 있는 정보를 제공하고 있어서, 한인교회들과 선교사들이 반드시 주목할 만한 기관이다. (INFORM, inform.ac)

프랑스의 MIVILUDEs는 사이비종교의 폐해를 막기 위해 설치된 정부조직이다. 2002년 11월 28일에 대통령령으로 제정되고, 2020년 7월 15일에 개정된 법령에 따라 운영되는 프랑스 내무부(ministère de l'Intérieur) 소속 기관이다. 사이비종교의 위험을 알리고, 피해자를 돕기 위한 역할을 담당하는 한편, 관련 정보를 언론과 사회에 제공하고 있다.

수많은 종교전쟁을 경험한 프랑스는 헌법상 엄격한 정교분리의 원칙을 고수하고 있다. 1905년에는 "교회와 국가의 분리에 관한 법률(Loi du 9 décembre 1905 concernant la séparation des Eglises et de l'Etat)"이 제정되어 사회적인 정교분리를 실질적으로 강화했다. 그런데 프랑스에 MIVILUDEs와 같은 정부기관이 설치되었다는 점은 의외라고 생각할 수 있다. 하지만 MIVILUDEs가 설립된 직접적인 이유가, 1990년대 기독교를 기반으로 한 사이비 종교인 태양의 사원(Ordre du Temple Solaire)에 의한 충격적인 집단 자살 및 타살 사건이 스위스, 프랑스, 캐나다에서 연쇄적으로 발생했기 때문이라는 배경을 접하게 되면, MIVILUDEs가 설립된 필요성을 이해하게 된다.

MIVILUDEs의 홈페이지에는, 관련 사건이나 피해가 발생했을 경우, 프랑스 각 지역에서 도움을 받을 수 있는 전문적인 행정기관, 의료기관, 사회단체들로 구성된 네트워크에 접근할 수 있는 절차와 상세한 정보를 제공하고 있다. MIVILUDEs는 프랑스뿐만 아니라 유럽의 한인교회와 선교사들이 이단·사이비 피해자들에 대한 행정적 및 정신적 지원을 위해 주목해야 할 기관이다. (MIVILUDEs, www.miviludes.interieur.gouv.fr)

종교개혁의 현장 유럽으로 위장과 한류로 무장한 한국 이단들이 침투하고 있다. 기독교는 쇠퇴하고, 한인교회와 선교사의 영향력은 미미한 상황에서, 한국계 이단들은 거침없는 광폭 행보를 보이고 있다. 신천지, 하나님의교회, 구원파를 비롯한 크고 작은 한국 이단들이 양의 옷을 입고, 온·오프라인을 오가며 미혹의 덫을 놓고 있다. 이단 관련 정보가 필요할 경우, 국내 소속 교단과 연구기관에서 제공하는 이단 관련 정보에 민감하게 귀 기울이고, INFORM이나 MIVILUDEs와 같은 공신력 있는 현지 기관을 효과적으로 활용하는 방안을 모색하면서, 이단 문제 발생 시 한인교회와 선교사가 연합해 실효성 있게 대처하는 지혜와 노력이 요구된다.

4. 오세아니아의 한국 이단들

오세아니아에는 2023년 현재 호주(Australia) 159,771명, 뉴질랜드(New Zealand) 31,810명, 그리고 피지(Fiji)에 1,120명 순으로 재외동포가 거주하고 있다.[30] 1980년대부터 본격화된 한인들의 이주로 인해, 오세아니아는 아시아와 북미 다음으로 많은 재외동포가 거주하는 지역이 되었고, 이로 인한 한인교회의 성장도 주목할 만하지만, 한국 이단들의 침투 또한 빠르고 광범위하게 진행되고 있다.

피지, '피난의 땅'인가, '피해의 땅'인가?

피지는 개신교인이 전체의 2/3에 이르는 높은 비율을 갖고 있고, 1970년 한국과의 수교 이후 정치와 경제적 교류가 꾸준히 진행되어 오고 있으며, 비자 발급이 상대적으로 수월하여 다양한 한국 이단들의 침투가 이루어지고 있다.

하나님의교회, 신천지, 기쁜소식선교회(박옥수 구원파) 등의

---

30) 재외동포청, "재외동포 현황" ⟨www.oka.go.kr⟩. 2000년대 초부터 피지의 한인 인구 통계를 참조하면, 이주한 은혜로교회 신도들의 숫자는 포함되지 않은 것으로 추정된다.

주요 한국 이단들이 피지에서 활동하고 있다. 하나님의교회는 피지 난디(Nadi)에 거점을 마련하고 있고, 신천지도 2023년 11월 4명의 센터 수료자가 있다고 홍보했으며, 기쁜소식선교회는 수도인 수바(Suva)와 라우토카(Lautoka)에 각각 기쁜소식수바교회와 기쁜소식라우토카교회를 운영하고 있다. 2016년에는 수도 수바에서 박옥수 구원파 국제청소년연합(IYF) 월드캠프가 개최되었는데, 다수의 고위 공직자가 행사에 참여해 IYF의 폭넓은 정관계 영향력을 과시했다.[31]

특히 피지에는 신옥주의 은혜로교회가 광범위한 영향력을 가지고 정착해 있다. 신옥주는, 피지가 마지막 환란을 피할 수 있는 "피난의 땅"이라고 주장하면서 수백 명의 신도를 이주시켰다. 신옥주는 "예수는 피조물"이며, "환란을 피하려면 피난처인 피지로 가야 한다."고 주장해 다수의 교단으로부터 이단으로 규정되었다.

신옥주는, 피지로 이주시킨 신도들의 이탈을 막고 통제하기 위한 목적으로 감금과 폭행을 자행하는 등 노동 착취, 외화반출, 신도 폭행 혐의로 2018년 7월 25일 공범 3명과 함께 인천공항에서 체포되었다. 그후 2020년 2월 27일 공동 상해, 특수 폭행, 특수 감금, 사기, 아동복지법 위반 등의 혐의로 7년 형이 확정되었고, 2024년 7월 10일에는 아동학대 혐의로 6년 형이 추가되었다.

---

31) 장인희, "피지로 향하는 한국 이단들," 「현대종교」 (2019.9).

2019년 유튜브에 업로드된 "그레이스 로드 그룹(Grace Road Group)입니다"라는 제하의 11분 53초 동영상에 따르면, 현재 400여 명의 신도가 피지에 머물고 있으며, 총면적 150만 평의 땅을 관리하고, 농업, 건설업, 레스토랑, 미용, 의료, 편의점, 면세점 등의 다양한 사업체를 운영하고 있다. 특히 정부 관료들과 밀접한 관계를 유지해오고 있으며, 2024년 7월 1일에는 은혜로교회 측으로부터 향응을 받은 교도관들이 징계받는 사건이 발생하기도 했다.

SBS 〈그것이 알고 싶다〉 "그들은 왜 피지로 갔나? : 낙토와 타작마당의 비밀"(2018년 8월 25일 방영)에 노출된 은혜로교회의 행태는 반인륜적 폭력 현장 그 자체였다. 죄의 회개와 용서를 명분으로 심지어 부모와 자식 간에 참혹한 폭력이 오고 갔다. 그리고 그 중심에는 신옥주가 있었다. 신옥주의 은혜로교회는 해외로 진출하는 비성경적 한국 이단의 어두운 초상과 문제점을 그대로 노출했다.[32]

첫째, 바야흐로 한국 이단의 해외 진출이 단순 거점 확보를 넘어 '이주'라는 새로운 형태로 나타났다. 신옥주는 남태평양 피지(Fiji)가 "약속의 땅, 하나님의 땅, 아름다운 땅, 만세 전 약속된 땅"이고, 기근을 피할 수 있으며, 세상을 구원할 수 있는 땅이 바로 피지라고 주장하면서, 400여 명의 신도를 집단 이주시켰다.[33]

---

32) 탁지일, "은혜로교회와 타작마당 충격,"「현대종교」(2018.8).
33) 신옥주, "낙토를 멸시하는 패역한 족속," 2017년 11월 12일 자 설교.

대부분의 한국 이단들이 '한국'을 약속의 땅이라고 주장해 왔지만, 은혜로교회는 해외에 교리적 중심 거점을 마련하는 데 집착하는 새로운 유형을 보여주었다.

둘째, 해외의 치외법권 지역에서 벌어지는 한국 이단들의 범죄에 대한 대처가 쉽지 않다. 신옥주는 자신의 주장에 비판적이거나 비협조적인 안팎의 사람들을 적극적으로 응징했다. 은혜로교회의 이단성을 문제시하는 이들에 대해서는 물론이고, 피지 이주에 회의적이거나 반대하는 신도들과 가족들에 대해서도, 성경에 대한 자의적인 해석을 근거로, 재앙으로 인해 죽을 것이라는 저주와 폭력도 마다하지 않았다. <그것이 알고 싶다>와의 인터뷰에서 신옥주는, 자신에게는 성경의 비밀을 해석하는 능력이 있으며, 자신의 모든 말과 행동은 성경적이라고 주장한다. 즉 자신에게 반대하는 이들은 반성경적이기 때문에 종교적 응징이 가능하다는 결론인 것이다.[34]

셋째, 사각지대인 해외 거점에서 가족을 해체하고, 새로운 집단 문화를 형성해 신도들을 통제한다. 신옥주는 신도들이 가족을 버리고 피지로 이주하도록 성경을 이용한다. "보라 형제가 연합하여 동거함이 어찌 그리 선하고 아름다운고"(시 133:1)와 "누구든지 하나님의 뜻대로 행하는 자가 내 형제요 자매요 어머니이니라"(막 3:35)를 내세우며, 가족을 버리고, 재산을 바치고, 피

---

34) 신옥주, "그 땅을 악평한 자들은 재앙으로 죽었고," 2017년 12월 21일 자 설교.

지로 갈 것을 강요한다. 하지만 언론에 비친 신도들의 생활은 집단농장에서 밤낮없이 일하는 노예와 같은 모습이었고, 죄의 용서와 회개를 위한 타작마당에서는 부모와 자식 간의 무차별적인 폭력이 신앙이라는 이름으로 합리화되는, 하나님의 기본적인 창조질서를 무너뜨리는 패륜적인 모습이었다.[35]

넷째, 해외라는 고립된 환경에 신도들의 인권과 인격이 말살될 위험성이 농후하다. 신옥주는 신도들의 통제를 위해 잔인한 폭력을 지속적으로 자행했다. 소위 "타작마당"이란 비성경적 통제 시스템을 통해서였다. 예배 중에 신도들의 머리카락을 자르고 뺨을 거칠게 수차례 때리며 바닥에 내동댕이치면서 이를 죄의 회개와 용서를 위한 "타작마당"이라고 불렀다. 심지어 부모와 자식이 서로의 뺨을 사정없이 때리도록 했다. 누가복음 3장과 마태복음 3장을 인용하며, 타작마당이 의인과 악인을, 알곡과 가라지를 구분하는 곳이라고 주장했다. 하지만 어떠한 폭력도 신앙이라는 미명으로 합리화될 수 없다. 은혜로교회의 타작마당은 신앙의 이름으로 씻을 수 없는 고통을 남기고, 사랑하는 가족을 가해자와 피해자로 전락시키며, 오로지 신옥주의 가학성을 충족시키는 장소로 전락했다.[36]

피지에 자발적으로 고립된 은혜로교회의 400여 명의 신도들, 특히 어린 청소년들에 대한 지원이 필요해 보인다. '피지에서의

---

35) 신옥주, "연합하여 동기하는 가족," 2017년 12월 11일 자 설교.
36) 신옥주, "타작마당에서 떨어지는 쭉정이," 2018년 5월 22일 자 설교.

고통'을 '약속의 땅에서의 행복'이라고 믿으며, 하루하루를 희망 고문 속에 보내고 있는 이들에 대한 정부 차원에서의 적극적인 조사도 필요하다. 피지는, 은혜로교회 신도들에게 '피난의 땅(避難地)' 아니라 '피해의 땅(被害地)'이 되었다.

호주, 신천지 피해 확산

오세아니아의 중심이자 가장 많은 재외동포가 거주하는 호주의 신천지 문제는 동포 사회뿐만 아니라 주류 사회에도 심각한 영향을 미치고 있다. 광주전남 지역 포교를 담당하는 신천지 베드로지파가 호주에 진출해 조직적인 활동을 펼치고 있다. 2017년 신천지의 「신천지 12지파 인 맞음 확인 시험」 자료집에서는 80여 명의 시드니 거주 핵심 신도의 모습을 확인할 수 있다. 또 2023년 11월 대구에서 열린 신천지 수료식 현황 보고에 따르면, 오세아니아의 신천지 수료생이 총 871명이고, 이 중 호주가 가장 많은 786명, 그다음으로 뉴질랜드가 61명, 사모아가 20명, 피지가 4명으로 보고되고 있다.

호주에서의 신천지 활동은 코로나19 이전부터 본격적으로 진행되었다. 2023년 현재 신천지는 호주 시드니, 멜버른, 브리즈번, 애들레이드, 퍼스 등 전 지역의 주요 도시들을 거점으로 포교를 진행하고 있고, 신도 수가 1,616명, 센터 수강생이 1,237명이 있으며, 멜버른과 시드니에 각각 673명과 483명의 등록 신도가 있다고 한다. 이들은 대학교를 중심으로 활동하면서, 온라인을 통한 위장 포교와 행사를 개최하고 있다. 또 대부분이 한인들인 것으로 알려져 있다.[37]

하지만 현지인들의 피해 사례도 보고되고 있다. 2018년 초 호주 주요 언론인 「더 오스트레일리안」(The Australian)은, 신천지에 빠진 가족으로 인해 고통받는 한 가정의 이야기를 보도했다.[38] 본 언론은 2014년에 위장 성경공부를 통해 신천지에 여동생을 빼앗긴 자매와의 인터뷰를 통해 신천지의 문제점과 그들이 겪고 있는 아픔을 호주사회에 알렸다. 여동생은 신천지에 빠진 후 대학을 포기하고 소위 '추수 활동'에 전념하고 있으며, 할머니의 장례식이나 어머니의 생일에도 오지 않았다고 안타까워했다.[39]

신천지는 멜버른 왕립공과대학교(RMIT)와 호주가톨릭대학교(ACU)에서 활동하고 있고, 심지어 시(市)가 운영하는 다문화 공간(Multicultural Hub)을 비롯한 여러 공공시설에서 그들의 교리 교육과 포교를 진행하면서, 대학 캠퍼스에 새벽 4시부터 포스터를 붙이러 다닌다고 보도했다. 또한 멜버른 켄싱턴에 신천지 교육장을 운영하고 있으며, 대부분 아시아계 청년 신도들이 이곳

---

37) 에스라 김, "호주 신천지 현황 보고서," 「현대종교」 (2023.11) 참조.
38) Chris Johnston, "Brainwashed Annie, Taken by the Cult," *The Australian* (Feb. 24, 2018).
39) 탁지일, "호주 멜버른 신천지 피해 망신," 「현대종교」 (2018.4).

에서 춤과 노래 등의 문화 활동을 하고 있다고 한다. 특히 신천지 위장조직인 하늘문화세계평화광복(HWPL) 이름으로 활동하면서, 대형 교회들에 침투해 포교 활동을 하는 한편, 멜버른의 공공시설을 이용해 홍보하고 있다.

신천지에 아내를 빼앗긴 55세의 한 호주 남성은, "자신의 아내가 온라인 성경공부를 통해 신천지에 빠졌으며, 30년 동안 평범한 부부였던 가정이 신천지로 인해 파괴되었으며, 아내는 하루에 16시간, 일주일에 7일을 집을 비운다. 사랑스러운 엄마이고 훌륭한 아내였던 부인이 이제는 나를 '악마'라고 부른다. 아내와 함께 살지만 대화도 없으며, 때로는 누군가로부터 문자를 받고 새벽 3시에 나가기도 한다."고 고통스러워했다.[40]

호주에는 신천지 외에도, 주요 한국 이단들의 활동이 활발하다. 대부분의 한국 이단들이 동포 및 현지 사회에 파고들고 있고, 하나님의교회는 호주 퍼스, 케언즈, 애들레이드, 시드니, 브리즈번, 멜버른, 캔버라, 뉴캐슬 등 거의 모든 주요 도시에 거점을 확보하고 있다. 생명의말씀선교회 이요한 구원파는 멜버른, 브리즈번, 시드니, 캔버라, 그리고 기쁜소식선교회 박옥수 구원파는 시드니, 멜버른, 타운스빌, 브리즈번에 각각 4개 거점을 가지고 있다.

특히 기독교복음선교회 JMS의 활동도 노출된 바 있다. 2014년

---

40) Ibid.

호주 SBS TV는 호주 여성들을 미혹하는 JMS를, "프로비던스의 내막 : 강간범이 이끄는 한국의 밀교"(Inside Providence : The secretive Korean church led by a convicted rapist)라는 제목으로 보도했다.[41] 프로비던스는 호주의 대학가와 거리에서 여성들을 주로 포교하는 JMS 단체이고, 그 설립자인 정명석은 강간죄 등으로 10년 징역을 선고받은 바 있다고 보도했다. 또한 호주 여성들의 피해 사실에 대해서도 밝혔는데, 피해자들은 방송에 직접 출연해 정명석을 메시아로 믿었으며, 자신들이 정명석의 영적인 신부라고 믿었다고 폭로했다. JMS는 피해자들에게 성적인 의미가 담긴 목걸이를 착용하게 했으며, 또 감옥에 수감 중인 정명석과 피해자들과의 성적 표현이 담긴 편지까지 교류했던 것으로 드러나 호주사회에 충격을 주었다.

뉴질랜드, 대학가 포교 집중

뉴질랜드도 호주와 마찬가지로 다양한 한국 이단들의 활동이 활발하다. 뉴질랜드에서도 JMS에 대한 폭로가 있었다. 「뉴질랜드 헤럴드」(New Zealand Herald)는 "강간범의 신부들을 찾는 종교단체의 표적이 된 뉴질랜드 여성들"(Kiwi women targeted by

---

41) "Inside Providence : The secretive Korean church led by a convicted rapist," 호주 SBS (2014.4.9).

religious group hunting brides for convicted rapist)이라는 제하의 기사에서, 적어도 10여 명의 뉴질랜드 여성들이 JMS에 미혹되어 한국을 방문했다고 보도하고, 탈퇴자들의 피해사례를 보도했다.[42)]

박옥수 구원파 기쁜소식선교회는 뉴질랜드 오클랜드에 기쁜소식오클랜드교회를 운영하는 한편, 오세아니아에 하나님의교회 다음으로 가장 많은 거점을 확보하고 있다. 호주에 4곳(시드니, 멜버른, 타운스빌, 브리즈번), 피지에 2곳(수바, 라우토카), 뉴질랜드(오클랜드), 키리바시공화국(타라와), 솔로몬제도(호니아라), 바누아투(포트빌라), 파푸아뉴기니, 통가, 사모아(아피아)에 총 13개의 거점을 가지고 있다.

신천지는 빌립지파가 오클랜드와 웰링턴을 거점으로, 주변 섬 국가들로 포교 영역을 확장해 나아가고 있다. 뉴질랜드에서는 신천지 외관단체인 하늘문화세계평화광복(HWPL), 국제청년평화그룹(IPYG), 세계여성평화그룹(IWPG)뿐만 아니라, 신천지뉴질랜드(Shincheonji NZ), 시온미션센터(Zion Mission Centre), 새하늘새땅(New Heaven and Earth), 자선단체인 생명나무재단(Rakau O Te Ora), 시온산(Mount Zion) 등의 이름으로 활동하고 있다. 특히, 오클랜드대학교, 오클랜드공과대학교, 마누카우공과대학교, 메시대학교 알바니캠퍼스, 그리고 웰링턴의 빅토리아대

---

42) Lincoln Tan, "Kiwi women targeted by religious group hunting brides for convicted rapist," *New Zealand Herald* (May 20, 2017).

학교, 메시대학교 웰링턴캠퍼스를 비롯한 오클랜드와 웰링턴의 거의 모든 대학교에서 포교 활동을 진행하고 있다. 또한 이들은 대학가와 함께 현지 대형 교회들 및 온라인 플랫폼 등 온·오프라인을 오가며 공격적인 포교 활동을 전개하고 있다.[43]

특히 하나님의교회의 대학가 포교 활동이 주목된다. 하나님의교회 문제는 언론에 보도되기도 했는데, 뉴질랜드 대학가에서는 하나님의교회 소속 동아리인 엘로힘바이블아카데미(Elohim Bible Academy)와 봉사단체인 아세즈(ASEZ, Save the Earth from A to Z)로 인한 논란이 일고 있다고 「오타고 데일리 타임즈」(Otago Daily Times)가 2019년 8월 21일 보도했다. 오타고대학교학생회(Otago University Students' Association)는 안상홍을 하나님으로 믿는 이단(cult) 하나님의교회 신도들로 구성된 아세즈의 협력 요청을 거절했다고 설명하면서, 아세즈는 엘로힘바이블아카데미와 관련되어 있고, 이들의 공격적인 가가호호 방문포교 활동과 거짓 정보 전달로 인해 사람들이 힘들어하고 있다는 비판 기사를 2017년 대학신문인 「크리틱 테 아로히」(Critic Te Arohi)가 보도한 바 있다고 밝혔다.[44] 하나님의교회는 뉴질랜드 오클랜드에 2곳, 웰링턴, 크라이스트처치, 더니든에 거점을 확보하고 포교 활동을 하고 있다.

---

43) 에스라 김, "뉴질랜드 신천지 현황 보고서," 「현대종교」 (2023.3) 참조.
44) Elena McPhee, "Students approached by religious group," *Otago Daily Times* (Aug. 21, 2019).

오세아니아, 미국계 이단들의 영향력 두드러져

오세아니아에는 한국 이단들의 활동과 함께, 전통적으로 미국계 이단인 예수그리스도후기성도교회(몰몬교)와 여호와의증인의 활동이 눈에 띄게 활발하게 이루어져 왔다.

1844년 비영어권 지역에서 최초로 시작된 몰몬교의 오세아니아 포교는 현재 호주와 뉴질랜드를 비롯한 폴리네시아, 멜라네시아, 미크로네시아 등의 섬 지역에서 활발하게 진행되고 있다. 19세기 중반부터 적극적으로 교육기관을 운영하면서, 몰몬경을 다수의 오세아니아 현지 언어들로 번역해 보급해 왔다. 10만 명 내외의 신도가 있을 때 설립되는 것으로 알려진 몰몬교 성전(temple)을 피지 수바, 타이티, 뉴질랜드, 사모아, 통가 등지에 세웠을 정도이다.

1921년 현재 오세아니아 지역 몰몬교인은 호주 155,383명, 뉴질랜드 108,912명, 사모아 83,740명, 통가 68,305명, 파푸아뉴기니 35,033명, 타이티 28,965명, 피지 22,827명, 키리바시 21,853명, 미국령 사모아 16,512명, 바누아투 11,051명, 마샬제도 6,977명, 마이크로네시아 6,107명, 괌 2,534명, 뉴칼레도니아 2,483명 등이며 꾸준히 교세가 성장하고 있다.[45]

여호와의증인도 호주와 뉴질랜드를 중심으로 광범위하게 분

---

45) David Schneider, "Which Oceania nations have more Church members?" *Church News* (2023.2.12).

포되어 있다. 오세아니아 각 지역의 거점 현황에 따르면, 호주 726개 71,188명, 뉴질랜드 170개 14,607명, 사모아 12개 552명, 통가 3개 21명, 파푸아뉴기니 89개 5,692명, 타이티 45개 3,194명, 피지 60개 3,005명, 키리바시 2개 118명, 미국령 사모아 2개 140명, 바누아투 13개 694명, 마샬제도 4개 138명, 괌 9개 709명, 뉴칼레도니아 34개 2,693명, 사이판 3개 220명 등의 거점(congregations)과 포교 담당자(ministers who teach the Bible)를 확보하고 있다.[46]

안식교의 경우, 2021년 현재 오세아니아에 약 2,000여 개의 교회와 423,000여 명의 신도를 가지고 있다. 무엇보다도 안식교의 제2대 지도자인 엘렌 화이트(Ellen G. White, 1827-1915)가 1891년 호주를 직접 방문해, 9년 동안 포교 활동을 했다. 또한 이들은 세계 다른 지역에서와 마찬가지로 교육, 의료, 건강식품 사업에 집중하고 있다. 이들이 세운 교육기관으로는 호주 Avondale College, 피지 Fulton College, 파푸아뉴기니 Pacific Adventist University 등이 있고, 호주 시드니에는 1903년에 설립된 Sydney Adventist Hospital이 있으며, 호주에서 가장 많이 팔리는 시리얼 제품도 생산하고 있다. 이 밖에도 TV, 라디오, 잡지 등의 언론 매체를 운영하고 있다.[47]

---

46) Jehovah's Witnesses, ⟨jw.org⟩.
47) Seventh-day Adventist Church, ⟨adventist.org⟩.

한국에 잠든 호주 청년들

우리나라에 선교회를 두고 헌신적인 사역을 전개한 파송국은 미국, 캐나다, 호주였다. 특히 호주선교사들은 복음의 불모지 부산·경남지역에서 부산(1891), 진주(1905), 마산(1911), 거창(1913), 통영(1913)에 선교지부(mission station)를 설치하고 헌신적으로 사역했다. 해방 전까지는 78명, 해방 이후에는 49명 등 총 127명의 호주 선교사가 파송되었다.

1889년 10월 2일에 내한한 첫 호주선교사 헨리 데이비스(Joseph Henry Davies, 1856-1890)는 서울에서 조선 선교를 위한 준비를 마치고, 예정된 부산에서의 선교 활동을 위해, 1890년 3월 14일 서울을 떠나 도보로 부산을 향한다. 하지만 부산으로 오던 중 천연두에 걸렸고, 부산에 도착한 지 하루 만인 1890년 4월 5일 하나님 품에 안겼다. 그는 부산항이 내려다보이는 언덕에 묻히기 하루 전, 그를 밤새 간호하던 캐나다 선교사 제임스 게일(James Gale, 1863-1937)과 함께 "건강하든지 아프든지 간에 살든지 죽든지 간에 오직 주님의 영광을 위해서만 살 수 있도록 해달라."고 간절히 기도했었다.

하지만 헨리 데이비스는 공식적인 한국선교를 위한 한 알의 밀알이 되었다. 그리고 이듬해인 1891년 10월 다섯 명의 호주교회 공식 선교사가 파송되어 부산(1891년), 진주(1905년), 마산(1911년), 통영(1913년), 거창(1913년)에 선교 거점을 마련한 후, 본격적으로 부산·경남지역에서 복음, 의료, 교육 선교 활동을 시작했다. 호주선교사들의 헌신이 없었다면, 선교의 중심 평양과 서울로부터 가장 멀리 떨어진 부산·경남지역의 복음화는 오랜 시간이 걸렸을 것이다.

또한 호주와 뉴질랜드는 6·25전쟁 당시 우리나라를 위해 젊은 청년들을 파병한 우방국이다. 전 세계에서 유일한 유엔군 묘역인 부산의 유엔기념공원에는 호주와 뉴질랜드에서 참전한 스무 살 전후의 어린 청년들이 잠들어 있다. 호주군 전사자 281명과 뉴질랜드군 전사자 32명이다.

두 아들이 동시에 군 복무를 하던 시기에 유엔기념공원을 방문했던 기억을 잊을 수 없다. 스무 살 전후의 어린 참전군의 작은 묘비 곁을 지나며, 그들의 부모 모습이 떠올랐다. 사랑하는 자녀를 다시 돌아오지 못할 먼 이국의 전쟁터로 보낸 심정이 어땠을까 상상하면서 마음이 저며왔다. 대부분이 기독 청년이었을 이들 참전 전사자들의 주검 곁을 지나며 애틋한 감사의 마음을 가슴 깊이 새겼었다. 부산·경남지역의 첫 순교 선교사를 보내준 호주, 6·25전쟁 당시 313명의 젊은 청년 전사자들을 가슴에 묻은 호주와 뉴질랜드로 한국 이단들이 침투하고 있다. 보은(報恩)도 모자랄 지경인데, 이곳의 가정과 교회에 한국 이단들이 침노(侵擄)하고 있는 안타까운 상황이다.

5. 중남미의 한국 이단들

중남미에 진출한 한국 주요 이단들은 스페인어와 포르투갈어 인터넷 홈페이지를 운영하는 한편, 교리 책자를 발간하며 한류를 매개로 곳곳에 거점을 확보해 나아가고 있다. 종교적으로는 대부분 가톨릭이 우세한 지역이지만, 개신교가 빠르게 성장하고 있다.

특히 오순절 교회의 영향력 확장이 주목을 받고 있다. 방언, 치유, 예언에 초점을 맞추는 오순절 교회가 남미에서 크게 성장한 이유에 대해, 앤드류 체스닛(Andrew Chesnet, 버지니아커먼웰스대학교 종교학 교수)은 오순절주의(Pentacostalism)가 중남미 라틴아메리카 문화에 효과적으로 토착화되었고, 종교·문화적으로 익숙한 치유 사역에 초점을 맞추고 있으며, 오순절 교회 지도자들이 가톨릭 사제들과 비교할 때 친근감과 접근성이 좋기 때문이라고 분석한다. 또한 오순절 교회에 가입한 남성들이 약물 남용, 음주, 도박 등에서 벗어나는 점도 사회적으로 환영받는 이유라고 분석한다.[48]

한인들의 중남미 진출은 1905년 멕시코로의 농업 이민으로 시작되었고, 1962년 해외이주법이 제정된 후 한인들의 농업 이민이 브

---

48) David Masci, "Why has Pentecostalism grown so dramatically in Latin America?" Pew Research Center ⟨pewresearch.org⟩.

라질을 시작으로 본격화되었다. 2023년 현재 중남미에는 총 33개국 중 28개국에 102,751명의 재외동포가 거주하고 있다. 영주권자 52,706명, 일반 체류자 9,452명, 유학생 297명, 시민권자 40,296명 등이다. 국가별로는 브라질이 47,544명으로 거의 절반(46%)에 가까운 한인이 있으며, 다음으로는 아르헨티나(23,089명, 23%), 멕시코(13,158명, 13%), 과테말라(5,629명, 6%), 파라과이(4,348명, 4%), 칠레(2,345명, 2%), 페루(1,230명, 1%) 순이다.[49] 이들 중 대부분(91%)이 영주권자 혹은 시민권자들이다.

중남미는 지리적으로 한국에서 가장 멀리 떨어진 지구 반대편에 있는 대륙으로, 한류의 확산과 불안정한 정치적 환경을 적극적으로 이용하는 한국 이단들의 침투와 활동이 활발하게 이루어지고 있다. 반면 현지 한인 교회와 선교 활동의 영향력이 열악한 상황에서, 이단 문제 대응과 대처를 위한 한국교회의 지원마저 원활하지 못한 상황이다.

남미 중심에 거점을 확보한 통일교

한국 이단의 뿌리인 통일교는 성지개발을 명분으로 1960년대부터 세계 곳곳에 부동산을 확보하며 거점을 확장해 오고 있다.

---

49) 재외동포청, "재외동포 현황" ⟨www.oka.go.kr⟩.

중남미도 예외는 아니다. 이들은 지리적으로 남미 대륙의 무게 중심이라고 할 수 있는 브라질의 자딤(Jardim)에 1995년 새희망농장(New Hope Farm)을 설립해 활동 거점으로 삼고 있다.

1959년 미국에 진출한 통일교는, 초기에는 미국 정착을 목적으로 했지만, 1980년대 초 탈세 혐의로 문선명이 1년 6개월의 징역형 선고받은 후, 본격적인 남미 진출을 시도하기 시작했다. 바로 새희망농장의 건설이다. 당시 통일교는 3,000만 달러를 들여 토지를 매입했다. 브라질에서도 비교적 낙후된 지역으로 분류되는 이 지역을 선택한 후, 지역 주민들을 위한 무료식사 제공, 지역 축제 및 행사 개최, 사회봉사 활동 등을 통해 정착을 시도했다. 통일교의 진출에 대해 우려하는 현지 여론도 있었지만, 지역 개발을 기대하는 지역민들이 적지 않았다. 이러한 경험을 바탕으로, 이후 통일교의 부동산 투자는 지역 개발에 대한 요구와 필요성이 있는 낙후된 지역을 선호하는 경향이 나타났다.

2008년에는 문선명의 후계자로 여겨지던 문현진이 중남미를 순회하며 적극적인 활동을 펼쳤다. 현재 글로벌피스재단(Global Peace Foundation, GPF) 이사장으로 있으면서, 친어머니인 한학자와 친동생인 문국진과 문형진과의 통일교 후계 다툼을 벌이고 있는 문현진의 영향력은 중남미 곳곳에 미치고 있다. 브라질, 과테말라, 파라과이, 우루과이에 거점을 두고, 초종교적인 NGO 활동으로 외연을 확대하면서, 정치·문화·경제계에서 영향력을 확장해 나아가고 있다.

문선명의 부인이자 세계평화통일가정연합 총재인 한학자도 2024년 7월 중남미를 직접 방문해 행사를 진행하면서, 문선명 사후 후계 다툼을 혼란스러워하는 신도들의 결속을 강화하고 있다. 한학자는, "아마존과 이과수폭포를 공유하는 브라질, 파라과이, 아르헨티나, 우루과이는 파괴되고 있는 지구를 구하기 위한 하늘 부모의 섭리에 반드시 필요한 국가들입니다. 이러한 섭리를 깨달은 참부모님으로서 남미가 하늘 부모님을 존중하고 따르는 대륙이 되도록 남미의 사람들을 교육하겠습니다."라고 향후 계획을 밝혔다.[50]

통일교는 중남미 각국에서 폭넓은 정·재계 관계를 이용해 거점을 확장해 오고 있다. 현재는 세계평화통일가정연합(한학자)과 글로벌피스재단(문현진) 간의 후계 다툼으로 인한 내부 혼란이 야기되고 있지만, 여전히 중남미에서의 통일교 영향력은 현재진행형이다.

돌나라 한농복구회의 브라질 집단 이주

박명호가 설립한 돌나라 한농복구회의 집단농장도 브라질에 있다. 1984년 엘리야복음선교원을 설립한 박명호는, 신격화와

---

50) "True Mother's Message in Jardim" *FFWPU Mission Support* (July 7, 2024) 〈familyfedihq.org〉.

성 추문으로 인해 사회적 논란의 대상이 된 바 있는데, 이후 브라질로 1,000여 명의 신도들을 이주시켜 집단농장을 세웠으며, 여의도 면적의 40여 배에 달하는 초대형 농장을 운영하고 있다.

이들은 1994년부터 필리핀, 키르키스스탄, 연해주, 미국, 중국에 농장을 설립했으며, 중국 정부는 한농복구회를 공식적으로 사교(邪敎)로 지정했다. 그후 2009년부터 브라질에 진출했으며, 현재 브라질 동부의 바이아(Bahia) 주에 농장을 운영하고 있다.

2022년에는 한농복구회의 돌나라 오아시스 농장(Fazenda Doalnara Oasis)에 거주하던 아동 다섯 명이 사망한 사건으로 다시 언론에 노출되었다. 농장 시설 공사 중 발생한 이 사건으로 인해, 브라질 경찰은 과실치사 혐의로 농장 관계자들을 기소한 바 있다.

이들은 남태평양 피지로 이주해 집단생활을 하는 신옥주의 은혜로교회와 함께, 해외로 집단 이주한 대표적인 이단 단체로, 고립된 환경에서 자라나는 아동과 신도들에 대한 복지 및 외교적 차원에서 국가적 관심이 필요한 상황이다.

문화행사로 접근하는 박옥수 구원파 기쁜소식선교회

기쁜소식선교회는 스페인어와 포르투갈어로 된 홈페이지를 운영하면서, 중남미 지역 여러 곳에 거점을 확보하고, 정치권과의 친분을 쌓는 동시에, 청소년과 청년을 대상으로 한류를 이용한 문화적 접근을 시도하고 있다.

이들은 중미에는 코스타리카(산호세), 파나마, 자메이카(킹스턴), 도미니카(산티아고, 산토도밍고), 아이티(아이티, 까이), 푸에르토리코, 온두라스, 과테말라, 멕시코(몬테레이), 니카라과(마나과), 그리고 남미에는 브라질(상파울로, 과률류스, 리오데자네이루, 포르투알레그레, 벨루오리존치, 브라질리아), 페루(리마, 초시카, 산타아니타), 아르헨티나(부에노스아이레스, 우수아이아), 파라과이(아순시온), 볼리비아(산타크루즈), 트리니다드토바고, 콜롬비아(보고타, 이바게), 에콰도르(키토), 우루과이(몬테비데오), 칠레(산티아고), 베네수엘라(카라카스) 등 총 21개국에 32개 주요 거점을 두고 활동하고 있다. 기쁜소식선교회에 따르면 중남미에 총 131개의 교회가 있다고 한다.[51]

박옥수는 2024년 1월과 3월에 각각 중미 코스타리카, 도미니카, 멕시코와 남미 페루, 우루과이, 브라질을 방문해 집회를 개최했다. 이들의 활동은 한국기독교연합(KCA)과 기독교지도자연합(CLF)이 주관하고, 그라시아스합창단 음악회와 월드캠프 등의 문화행사들을 중심으로 진행되고 있는데, 행사를 주관하는 한국기독교연합(KCA)와 기독교지도자연합(CLF)은 기쁜소식선교회의 외곽조직으로, 현지인들에게는 마치 한국과 세계 교회를 대표하는 단체인 것처럼 홍보하면서, 자신들의 실체와 논란을 감

---

51) 기쁜소식선교회 홈페이지, 〈goodnews.or.kr〉.

추고 있다. 실제로 "한국교회 연합단체(KCA)가 박옥수 구원파가 이단이 아니라고 발표했다는데 사실이냐"고 묻는 현지로부터의 문의도 있었다.

특히, 박옥수 구원파 기쁜소식선교회는 최근 인천 여고생 사망 사건으로 논란이 되는 그라시아스합창단의 공연을 앞세워 활동하면서, 월드캠프를 개최해 현지 청소년과 청년들에게 접근하고 있다. 한국교회 선교의 열매들인 중남미의 미래 세대를 지키기 위해서는 기쁜소식선교회 IYF에 대한 대응은 선택이 아니라 필수가 되었다.

사회봉사를 매개로 정착하는 하나님의교회

하나님의교회는 자원봉사 활동을 통한 사회적 인지도 상승을 노리는 전략으로 영향력 확대를 시도하고 있다. 유관 단체인 아세즈(ASEZ)를 앞세운 봉사활동으로 상을 받은 후, 이를 이미지 홍보와 포교에 적극적으로 활용하고 있다. 즉, 현지에서 사회봉사 활동을 하고, 이를 현지 언론에 노출하여 상장을 수여 받은 후, 이를 자신들의 홈페이지에 게시하거나 언론을 통해 재생산하면서, 자신들의 친근한 사회적 이미지를 만들고 있다.

이들은 중남미 총 18개 국가에 102개의 주요 거점을 확보하고 있으며, 스페인어와 포르투갈어 인터넷 홈페이지를 운영하고 있는데, 중남미 국가 중 멕시코와 브라질, 페루에 집중되어 있다. 국가 별로는, 과테말라(과테말라시티), 니카라과(마나과), 멕시코(멕시코시티, 푸에블라, 쿠리치바, 오악사카, 쿠에르나바카, 톨루카, 쿠아우티틀란이즈칼리, 칠판싱고, 익스타팔루카, 에카테펙, 산니콜라스데로스가르사, 베라크루스, 미겔이달고, 모테레이, 네사우알코요틀, 나우칼판, 과달라하라), 베네수엘라(카라카스), 볼리비아(라파스, 코차밤바, 산타크루스), 브라질(마나우스, 브라질리아, 칸아스, 아라카주, 헤시피, 히우브랑쿠, 테레시나, 사우바도르, 포르탈레자, 쿠이아바, 캄푸르란지, 캄피나스, 조인빌리, 카리아시카, 오사스쿠, 벨루오리존치, 신투안드레, 푸칼파, 벨렘, 두키지카시아스, 론드리나, 과룰류스, 고이아니라, 제2상파울루, 상파울루, 주앙페소아, 상곤살루, 페이라지산타나), 수리남, 아르헨티나(부에노스아이레스, 코르도바, 산타페, 제2부에노스아이레스), 에콰도르(키토, 과야킬, 만타, 쿠엔카, 제2키토), 엘살바도르(산살바도르), 우르과이(몬테비데오), 자메이카(킹스턴), 칠레(산티아고, 푸엔테알토), 코스타리카(산호세), 콜롬비아(메데인, 톨루아, 제2메데인, 칼리, 보고타, 바랑키야), 파나마(파나마시티), 파라과이(아순시온), 페루(리마, 치클라요, 리마 인데펜덴시아, 리마 비야엘살바도르, 산마르틴데포레, 제6리마, 제4리마, 제3리마, 푸에르토말도나도, 카야오 제2벤타니야, 창카이, 바구아, 침보테, 우아라스, 트루히요, 피우라, 아야쿠초, 이키토스, 쿠스코, 카하마르카, 아레키파, 우앙카요, 제6리마, 제5리마, 제4리마, 제2리마)에 현지인들 중심의 모임처가 분포되어 있다.[52]

---

52) 하나님의교회 홈페이지, 〈news.watv.org〉.

특히 하나님의교회 전위조직인 아세즈(ASEZ)의 활동이 주목된다. 2024년 상반기만 하더라도, 2월에는 아르헨티나 부에노스아이레스에서 환경보호를 위한 식물원 청소, 4월에는 페루에서 나무 심기 봉사활동과 아르헨티나 부에노스아이레스에서 범죄예방을 위한 벽화 그리기 활동, 5월에는 멕시코 푸에블라주 푸에블라시에서 고등학생들과 교사들을 대상으로 범죄예방과 환경보호 교육을 진행했으며, 7월에는 푸에블라주 아모속(Amozoc)시에서 지구환경 복구를 위한 나무 심기 행사를 개최했는데, 대부분 지역 정부 단체의 후원 아래 진행되었다.

이들은 중남미 곳곳에서 사회복지, 환경보호, 긴급구호 활동을 전개하고, 이를 언론과 SNS에 노출한 후, 해당 정부 기관이나 단체로부터 상을 받고, 이를 기반으로 업무협약을 체결해 나아가는 방법으로 영향력을 확대해 가고 있어, 향후 중남미 선교의 가장 큰 걸림돌이 될 가능성이 농후하다.

신천지 요한지파의 중남미 공략

신천지 유관 인터넷 매체인「천지일보」2024년 9월 20일 자에 따르면, 중남미에서 332개 교회가 신천지로 간판 교체를 완료했으며, 2,056개 교회와 업무협약을 체결했다고 보도했다.[53] 미국 LA지역에 거점을 두고 중남미 포교를 담당하는 신천지 요한지파에 따르면, 중남미 신도 수가 22,000여 명이고, 신천지와 교류하고 있는 교회가 2,000여 곳을 넘어섰다고 주장한다.[54] 기사 내용의 허구와 과장 여부를 떠나, 신천지의 중남미 활동이 진행 중인 것으로 판단된다.

2023년 대구에서 개최된 신천지기독교선교센터 제114기 수료식 영상에 따르면, 중남미에는 총 1,555명의 수료생이 있으며, 국가 별로는 가이아나(102명), 과테말라(36명), 그레나다(9명), 니카라과(8명), 도미니카공화국(66명), 멕시코(186명), 바베이도스(13명), 바하마(17명), 베네수엘라(82명), 벨리즈(13명), 볼리비아(29명), 브라질(226명), 사이판(8명), 세인트루시아(8명), 세인트빈센트 그레나딘(23명), 세인트키츠 네비스(8명), 수리남(2명), 아르헨티나(57명), 아이티(21명), 에콰도르(37명), 앤티가바부다(4명), 엘살바도르(5명), 온두라스(3명), 우루과이(3명), 자메이카(131명), 칠레(28명), 코스타리카(21명), 콜롬비아(229명), 쿠바(2명), 트리니다드토바고(66명), 파나마(37명), 파라과이(6명), 페루(64명), 푸에르토리코(5명)라고 밝혔다.

또한 Finally Free 국제선교회에 따르면, 2023년 말 현재 중남

---

53) 류지민, "중남미서 신천지예수교회로 간판 바꾼 300여 개 교회, 부흥의 바람 불어" 「천지일보」 (2024.9.20).
54) Ibid.

미 신천지 교세는, 과테말라(450명), 멕시코(250명), 엘살바도르(200명), 콜롬비아(200명), 니카라과(10명), 베네수엘라(20명), 아르헨티나(20명), 에콰도르(10명), 페루(20명), 파나마(10명), 칠레(10명), 브라질(10명) 등 총 1,260명의 신천지 신도들이 있는 것으로 추정하고 있다.[55]

재외동포들이 모인 한인 교회에서 모략(위장과 거짓말) 포교 전략을 구사하던 신천지가 중남미 곳곳에서 모략 포교와 함께 노골적인 오픈 포교를 진행하고 있다. 이들은 중남미를 연결하는 콜롬비아와 남미의 중심인 브라질에 가장 많은 신도를 가지고 있으며, 신천지 주요 외곽 단체인 하늘문화세계평화광복(HWPL)은 포르투갈어 홈페이지를 운영하면서, 활동 홍보와 네트워크 확장을 시도하고 있다.

치유와 은사로 접근하는 만민중앙교회와 예수중심교회

중남미에서 이재록의 만민중앙교회와 이초석의 예수중심교회도 중남미의 종교·문화적 코드에 맞춘 치유와 은사 집회를 통해 꾸준한 영향력을 미치며 포교 활동을 하고 있다. 이들은 정계 인사들과의 친분을 이용하면서, 방송언론 분야에도 영향력을 행

---

55) 에스라김, "전(全) 세계 신천지 현황 보고서(2023년 말 기준)"「현대종교」(2024.2).

사하면서, 대규모 집회를 개최해 오고 있다.

만민중앙교회는 콜롬비아, 페루, 온두라스에 주요 거점을 가지고 있으며, 아르헨티나(1996년, 1997년)를 비롯해 2002년 7월과 2004년 12월에는 온두라스와 페루에서 "이재록 목사 초청 목회자 세미나 및 연합 대성회"를 개최했다. 행사에는 정부 관계자들도 참석했으며, 공중파와 위성과 인터넷으로 생중계되었다. 또 이재록의 저서들이 스페인어로 번역되어 사용되고 있는데 특히, 만민중앙교회 GCN방송(www.gcntv.org)은 스페인어 홈페이지를 운영하고 있다.

예수중심교회도 스페인어 홈페이지를 운영하면서 중남미에서 활동하고 있다. 이초석을 강사로 하는 집회가 2000년 초부터 아르헨티나, 멕시코, 칠레, 파라과이, 우루과이, 에콰도르, 과테말라, 베네수엘라, 콜롬비아 등지에서 지속적으로 개최되고 있으며, 중남미 집회의 축사와 병 고침 동영상이 온라인을 통해 여전히 확산되고 있다.

박혁 전도자 논란

최근에는 중남미를 기반으로 활동하는 소위, 전도자 박혁 관련 논란이 야기되고 있다. 검증되지 않은 그의 치유와 축사 집회 영상이 유튜브에서 널리 퍼지고 있다. 그는 20여만 명에 가까운 구독자를 가지고 있으며, 유튜브 채널 브라더혁(@BrotherHyeok)에는 200여 개 이상의 동영상이 업로드되어 있으며, 브라더혁이라는 이름의 박혁의 공식 홈페이지(brotherhyeok.org)는 한국어, 영어, 스페인어, 일본어, 포르투갈어로 운영되고 있다.[56]

1993년 출생한 박혁은 세련된 외모, 카리스마적 언행, 영어와 스페인어 등의 외국어 구사 능력, 축사와 병 고침 행위 등으로 유튜브에서 주목받고 있다. 게다가 그는 그가 운영하는 의류업체인 Verdalto(verdalto.art)를 통해 트렌디한 감각을 노출하면서 패션사업에도 진출했다.

박혁은 2023년부터 중남미 도미니카공화국, 브라질, 베네수엘라, 콜롬비아, 칠레에서 치유와 축사 집회를 개최해 오고 있고, 2023년에 이어 2024년에도 일본에서 집회를 개최하면서 활동 영역을 넓히고 있으며, 국내 진입을 위한 행보를 이어가고 있다. 하지만 이와 함께 검증되지 않은 박혁의 사역에 대한, 교회의 우려와 염려도 점점 깊어지고 있다.

박혁의 활동을 단순히 신사도 운동 등의 흐름으로만 위치시키기에는 혼합주의 양상이 두드러지게 나타난다. 중남미의 종교·문화적 성격을 십분 활용하는 집회 양식, 성경 말씀과 용어들이 사용되고 있지만, 실제적으로는 비성경적이며 민간주술적 쇼맨십이라는 부정적 평가도 적지 않다. 그럼에도 중남미에서 시

---

56) www.youtube.com/brotherhyeok 그리고 www.brotherhyeok.org.

작된 박혁 신드롬과 논란은 당분간 계속될 전망이다.

코로나 이후 오늘날 한국교회의 가장 위험한 현상은 확인되지 않은 동영상과 콘텐츠의 무분별한 공유이다. 목회자에게 떳떳하게 보이지 못할 링크를 주변 지인들에게 발송하면서 신앙적인 위험지대를 아슬아슬하게 넘나들고 있다. 몸은 예배 현장에 있으면서, 마음은 손에 들린 스마트폰 속 비성경적 영상에 사로잡힌 신앙인들이 익명성을 유지한 채 이중생활을 이어가고 있다. 바야흐로 온라인 이단의 미혹 시대가 활짝 열린 모양새이다.

한반도의 지구 대척점에 있는 중남미는, 한국교회 '선교의 오지'인 동시에 '이단 대처의 험지'이다. 이곳 중남미에서 정·재계 인맥과 한류를 이용한 한국 이단들의 광폭 행보가 이어지고 있다. 각 교단 중남미 선교 담당 부서는, '무엇이 복음인지'를 알리는 전도전략과 함께 '무엇이 복음이 아닌지'를 변증하는 이단대응 전략을 현지 선교사들에게 제시하는 한편, 이단 대처를 위한 선교 네트워크 구축을 실현해 나아가기 위한 과제를 해결해야만 하는 시점이 되었다.

6. 아프리카의 한국 이단들

아프리카는 다양한 국가, 언어, 문화가 공존하는 젊은 대륙이다. 국가통계포털(KOSIS)에 따르면, 아시아 50개국, 남북미 49개국, 유럽 49개국, 오세아니아 24개국, 그리고 아프리카를 가장 많은 57개국으로 분류하고 있다.[57] 아프리카의 총인구는 14억 2천만여 명이며, 2024년 현재 국가별로는 나이지리아(232,679,000명), 에티오피아(132,060,000명), 이집트(116,538,000명), 콩고민주공화국(109,276,000명), 탄자니아(68,560,000명), 남아프리카공화국(64,007,000명), 케냐(56,433,000명), 수단(50,449,000명), 우간다(50,015,000명), 알제리(46,814,000명) 순으로 나타난다. 특히, 세계 중위연령 평균이 30.5세인데 비해, 아프리카의 중위연령 평균은 18.8세로 세계에서 가장 젊은 대륙이다.[58]

기독교의 가파른 성장세도 두드러진다. 각종 자료를 수집 분석하는 독일 온라인 플랫폼인 스타티스타(Statista)에 따르면, 2024년 현재 에티오피아(77,500,000명, 59%), 나이지리아(74,400,000명, 32%), 콩고민주공화국(63,100,000명, 58%), 남아프리카공화국(52,900,000명, 83%), 탄자니아(31,300,000명, 46%), 우

---

57) 국가통계포털(KOSIS), 〈kosis.kr〉. 외교부 산하 단체인 한·아프리카재단은 국제연합(UN) 회원국 기준 총 54개국으로 소개한다. 한·아프리카재단, 〈www.k-af.or.kr〉.
58) 국가통계포털(KOSIS), 〈kosis.kr〉.

간다(29,300,000명, 59%), 마다가스카르(22,300,000명, 70%), 가나(22,000,000명, 64%) 등에 2천만 명 이상의 기독교 인구가 있다.[59]

한편 아프리카에는 전 세계 대륙 중 가장 낮은 수치의 한인 동포들이 거주하고 있다. 재외동포청의 현황에 따르면, 2023년 현재 아프리카 48개 국가에 총 10,455명의 한인이 거주하고 있는데, 시민권자 149명, 영주권자 2,158명, 일반체류자 7,484명, 그리고 유학생 664명으로 구성되어 있다. 국가별로는 남아프리카공화국(4,369명), 케냐(1,068명), 우간다(664명), 탄자니아(605명), 가나(445명), 나이지리아(405명), 세네갈(302명), 에티오피아(288명), 르완다(206명), 모잠비크(194명), 말라위(173명), 잠비아(173명), 코트디부아르(171명), 마다가스카르(152명), 콩고민주공화국(113명) 순이다.[60] 국적기의 직항 노선도 이집트의 카이로가 유일하다.

아프리카에서 선교 활동 중인 한국 선교사들의 숫자는 적지 않다. 한국선교연구원(KRIM)에 따르면, 2023년 현재 아프리카에서 사역 중인 선교사들은 총 1,844명이라고 한다. 이는 한국 전체 파송 선교사 22,006명 중 8%이다.[61] 반면 아프리카에서는 통일교를 필두로 구원파, 하나님의교회, 신천지, 사랑하는교회 등 각종 한국 이단들이 활동하고 있다. 기독교의 영향력이 강한 아프리카에서, 한류를 등에 업고 젊은 층에 초점을 맞춘 한국 이단

---

59) Statista, 〈statista.com〉.
60) 재외동포청, "재외동포 현황" 〈www.oka.go.kr〉.
61) 한국선교연구원(KRIM), 〈krim.org〉.

들의 포교가 기승을 부리는 형세이다.

문화교류로 영향력 확대하는 박옥수 구원파

박옥수 구원파 기쁜소식선교회는 NGO 활동을 통해 아프리카 국가 사회에 친근하게 다가서고 있다. 유관 조직인 국제청소년연합(IYF)을 앞세운 문화공연, 의료봉사, 구호 활동 등을 통해 관계를 형성한 후, 세계기독교지도자 포럼(CLF, Christian Leaders Forum) 등의 행사를 개최해 정치권과 사회로의 외연을 확대하면서 대통령을 비롯한 관료들과 업무협약을 맺으며 친분을 쌓고, 이를 발판으로 거점과 영향력을 확장해 나아가고 있다.

특히 박옥수 구원파는 동아프리카 케냐와 서아프리카 가나를 중심 거점으로 활동하고 있다. 2024년 10월에는 박옥수가 케냐를 직접 방문해 아프리카 선교 30주년을 기념하고, 케냐 마하나임 대학병원 개원식을 거행했다. 또한 이들은 2016년에 케냐 대통령과 면담 후 청소년부, 교육부, 문화체육부, 청소년군단, 교정청과 업무협약을 체결하고 교사, 대학생, 청소년, 교정청을 대상으로 인성 교육을 하고 있는데, 케냐에만 45개의 지역 교회 거점을 가지고 있으며, 2021년에는 케냐에 GBS TV 방송국을 개국해 뉴스 및 설교 송출을 통해 케냐 사회와 기독교계에 다가서고 있

다.[62]

기쁜소식선교회에 따르면, 해외에 1,196개의 교회가 있으며, 이중 아시아 585개 다음으로 아프리카에 344개의 교회가 있다고 밝히고 있는데, 동아프리카에는 케냐(4개), 르완다, 에티오피아(4개), 우간다(2개), 탄자니아(3개), 남아공(3개), 레소토, 에스와티니, 잠비아(4개), 말라위(2개), 짐바브웨, 나미비아, 보츠와나, 모잠비크, 앙골라에 30개, 서아프리카에는 가나(3개), 베냉(2개), 가봉, 나이지리아, 코트디부와르, 라이베리아, 세네갈, 시에라리온, 감비아, 부르키나, 말리, 기니, 카메룬, 콩고, 중앙아프리카공화국, 콩고민주공화국에 19개의 총 49개의 주요 거점을 가지고 있다.[63]

IYF의 사회활동은 기쁜소식선교회의 종교활동보다 훨씬 더 광범위하다. 아프리카 총 33개 국가에 거점을 두고, 월드문화캠프, 세계문화댄스페스티벌, 세계문화엑스포, 굿뉴스코해외봉사단 등의 행사개최를 통해 교류를 이용한 포교에 집중하고 있다. 2024년 3월에는 가나, 베냉, 코트디부아르를 박옥수가 직접 방문해 마인드 교육 도입과 청소년센터 건립을 추진하기로 했고, 2024년 6월에는 한·아프리카 정상회의에 참석한 토고와 중앙아프리카공화국 대통령이 IYF 센터를 방문해 박옥수와 만나기까

---

62) GBS TV, 〈gbskenya.com〉.
63) 기쁜소식선교회, 〈goodnews.or.kr〉. 기쁜소식선교회와 마찬가지로 구원파로 분류되는 이요한의 생명의말씀선교회도 아프리카 38개국에서 활동 중이다. 생명의말씀선교회, 〈jbch.org〉.

지 했다.[64]

2024년 5월에는 기쁜소식선교회와 관련한 두 가지 이슈가 있었다. 하나는, 박옥수 구원파의 핵심 단체인 그라시아스합창단 단장이자 박옥수의 딸인 박은숙이 기쁜소식인천교회 내에서 발생한 여고생 사망 사건의 배후와 아동학대치사 혐의로 구속되어 재판을 받은 것이고, 다른 하나는 경북지역 기독교 사학인 김천대학교를 인수해 박옥수가 이사장을 맡고, 기쁜소식선교회 관계자들이 이사회를 구성한 후 IYF 행사를 본격적으로 개최하고 있다는 것이다. 게다가 신학과까지 설치해 2025년도 신입생을 모집하는 등 공교육 현장에서 구원파 교리가 노골적으로 교육되고 있으며, 이를 거점으로 아프리카 국가들과의 교육과 문화 차원의 인적 교류를 이어갈 것으로 보인다.

친환경 사회봉사로 뿌리내리는 하나님의교회

하나님의교회도 지역사회 자원봉사 및 환경보호 활동을 매개로 접근하고 있다. 이들은 아프리카 각 지역에서 봉사활동을 하고, 이 내용을 지역 언론에 홍보한 후, 이를 근거로 정부 기관의 상을 요청하고, 다시 이를 홈페이지 등에 게시하는 방식으로 이

---

64) "아프리카 대통령 IYF 방문, 청소년 교육 함께 할 것"「아주경제」(2024.6.7).

미지 홍보와 포교라는 두 마리 토끼를 동시에 잡고 있다. 특히 대학가를 중심으로 활동하고 있다.

하나님의 교회는 2004년 남아프리카공화국을 시작으로 현재 앙골라, 콩고민주공화국, 토고, 탄자니아, 케냐, 카메룬, 짐바브웨, 잠비아, 보츠와나, 베냉, 모잠비크, 말라위, 나미비아, 가나, 나이지리아 등지로 확장해 나아가고 있다. 특히 남아프리카공화국에 5개 이상의 주요 거점을 설치해 아프리카 포교의 중심으로 사용하고 있다. 2021년 4월에 발생한 남아프리카공화국 산불 화재 당시 하나님의교회 대학생 조직인 아세즈(ASEZ)가 피해 복구에 참여해 지역사회의 관심을 받기도 했다.[65]

아세즈는 명칭처럼 사회복지활동(Social Service), 의식중진활동(Awareness Raising), 긴급구호활동(Victim Relief), 환경보호활동(Environmental Protection)을 아프리카 포교에 적절하게 활용하며 영향력을 확대하고 있는데, 남아프리카공화국에서 인권의 날 홍보 캠페인(2018년), 산불 피해 복구 지원(2021년), 보호 구역 왜래나무 수거 활동(2021년), 요하네스버그 환경정화 활동(2022년), 블루 라군 해변 정화 활동(2023년), 해양생태계 보호 활동(2023년), 여성청년장애인부 장관 간담회(2024년), 마라톤대회 서포터즈(2024년) 등의 최근 이슈를 선도하면서 사회적 순기능을 노출하는 활동을 통해 긍정적 이미지를 만들고 있다.

---

65) 하나님의교회 세계복음선교협회, 〈news.watv.org〉.

다양한 하나님의교회 사회적 활동은 아프리카 포교의 기반이 되고 있다. 남아프리카공화국의 성경 발표력 경연대회(2024년)와 현지 부족어로 하나님의교회 새노래 부르기(2021년) 등의 직접적인 포교 활동을 진행하면서, 한국으로 해외 신도들을 초청해 개최하는 성경세미나를 통해 교주 신격화에 대한 집중적인 교리 교육 및 친밀한 관계 형성과 지속적 교류 협력을 추진하면서, 일사불란한 조직력으로 한국인 남성(안상홍)과 여성(장길자)을 하나님으로 각인시키고 있다.

사회적 이슈를 선점하고, 치밀한 조직력을 통한 현장 활동을 진행하고, 이를 효과적으로 국내외에서 홍보하면서 지역사회의 인정과 신도들의 결속력을 높이며, 마침내 하나님의교회 교리 홍보 및 교육으로 자연스럽게 이어가는 하나님의교회 아프리카 포교전략은 일단은 성공적으로 보인다. 하나님의교회는 자신들이 기독교와 다를 뿐 틀리지 않았다고 주장한다.

젊은 기독교 대륙 아프리카에서, 한국의 대표적인 이단 하나님의교회가 기독교와 '다른' 단체일 뿐만 아니라 성경과 교회 전통으로부터 '틀린' 이단이라는 점을 설득력 있게 전달해야 한다. 나아가 세계 여러 지역에서 논란이 되었던 시한부종말론 주장과 가정문제 야기 등의 잠재적 위험성을 가지고 있는 단체라는 것을 경고하는 대응 전략이 필요하다.

위장 단체 앞세워 접근하는 신천지

아프리카변증연구센터(African Center for Apologetics Research, ACFAR)는 2018년 우간다에서 활동하는 신천지에 대한 주의를 촉구하는 공식 성명을 발표했다. 「우간다크리스천뉴스」(Uganda Christian News)에 따르면, 신천지가 거짓말 위장 포교로 신도들을 모집하고 있다고 경고하면서, 신천지의 교리적 이단성과 사회적 문제점에 대해 보도했다.[66]

2023년 신천지 12지파 10만 수료식에 따르면, 우간다(2,946명), 남아프리카공화국(2,323명), 나이지리아(1,859명), 마다가스카르(994명), 탄자니아(658명), 콩고민주공화국(473명), 가나(236명), 나미비아(228명), 말라위(223명), 브룬디(208명), 에티오피아(208명), 코트디부아르(205명) 등 아프리카 총 40개국에서 12,584명이 수료했다고 주장한다.

2017년에 신천지가 발간한 「신천지 12지파 인 맞음 확인 시험」에 따르면, 강원지역을 담당하는 빌립지파가 남아프리카공화국, 전라남도 베드로지파가 에티오피아, 충청도 맛디아지파가 콩고민주공화국을 전담해 활동하고 있다.[67] 이에 더하여 2024년에 발간된 홍보 책자에서는 아프리카 17개 국가에 중심 거점인

---

66) Paul Wasswa Dennis and Agencies, "Ugandan Churches warned of 'deceptive cult' group," Uganda Christian News (2018.4.21).
67) 신천지 예수교 증거장막성전, 「신천지 12지파 인 맞음 확인 시험」 (2017).

교회가 5곳 설립되어 있고, 18개 지역에서 활동하고 있으며, 남아프리카공화국 케이프타운교회를 중심으로 포교 활동을 하고 있다고 밝히고 있다. 또한, 마다가스카르, 우간다, 탄자니아, 브룬디, 라이베리아, 나미비아, 남아프리카공화국, 말라위, 모잠비크 지역에서 교회가 신천지로 간판을 변경했으며, 브룬디에서는 기독교 목회자들과 업무협약을 체결했다고 홍보하고 있다.[68]

신천지는 온·오프라인과 위장·공개 포교를 적절하게 병행하면서 활동하고 있다. 무료성경공부로 포교를 시도하는 한편, 2022년 2월에 "아프리카 55개국 언론인·목회자 온라인 기자회견"을 개최하고 "세계 최초로 공개된 요한계시록 세미나의 결과와 함께 2022년 성경세미나의 계획"을 홍보했다.[69]

특히, 신천지의 해외 접촉을 담당하는 하늘문화세계평화광복(HWPL), 세계여성평화그룹(IWPG), 국제청년평화그룹(IPYG) 등의 외곽조직을 통한 활동이 주목된다. HWPL은 말라위 등 6개 국가 교육부와 가나, 기니, 콩고민주공화국과 협력 및 업무협약을 체결하고 남아프리카공화국에는 세계평화선언 기념비를 설립(2023년)했으며, 말리 국회의원들과 행정관료들과 함께 "전쟁종식과 평화문화 전파를 위한 국회의원 네트워크"(2019년), 케냐와 우간다 유네스코 국가위원회와 평화교육 포럼(2020년), 그리

---

68) 신천지 예수교 증거장막성전, New Heaven New Earth (2024), 42-43, 56-61.
69) "신천지, 말씀세미나 열풍 속 아프리카 55개국 언론인·목회자 온라인 기자회견,"「Local 세계」(2022.2.3).

고 나이지리아와 가나의 교사와 교육관계자를 대상으로 "온라인 평화교육 교사 역량 강화 프로그램"(2021년)을 개최했다고 홍보하고 있다.[70] 또한 세계여성평화그룹(IWPG)은 온라인 여성평화교육을 내세워 남아프리카공화국, 나미비아, 탄자니아, 말리, 코트디부아르, 잠비아, 콩고민주공화국에서 활동하고 있으며, 또한 케냐에 거점을 둔 IPYG를 중심으로 교회 기관과 남녀지도자들에게 접촉해 신천지 홍보 및 포교를 진행하고 있다.[71]

한편, 아프리카 선교사 가정과 사역에도 직간접적인 피해가 발생하고 있다. 우간다에서 사역하는 선교사의 제보에 따르면, 선교 기관에 신천지의 침투가 시도되고 있고, 혹은 선교사 자녀들이 가정을 떠나 한국 대학에 입학한 후 신천지에 미혹되는 사례도 있다고 염려했다.

한국 이단들의 위장 활동으로 인해 아프리카 지역교회의 이단 분별이 수월치 않은 상황에서, 국가별 선교사연합모임을 중심으로 한국 이단 정보 및 대처 사례를 공유할 필요성이 제기된다. 실제로 우간다한인선교사협회는 이단대책위원회를 조직하고 이단 경계 세미나를 진행해 현지교회 목회자들의 관심과 호응을 받았던 사례가 있다.[72]

---

70) HWPL, 〈hwpl.kr〉.
71) IWPG, 〈iwpg.org〉.
72) 조민기, "우간다한인선교사협회 이단 대처 위해 동분서주,"「현대종교」(2020.3), 146-147.

삼중복음 내세워 포교하는 사랑하는교회

변승우의 사랑하는교회의 아프리카 성장세도 눈에 띤다. 사랑하는교회가 소속된 대한예수교장로회 부흥 총회에는 전체 12개 노회가 있는데, 이들 중 아프리카노회가 별도로 구성되어 있을 정도이다. 브룬디에 137개, 콩고에 23개, 우간다에 60개 교회가 소속되어 있다고 밝히고 있다.[73]

사랑하는교회는 아프리카에 브룬디 35개, 우간다 478개, 잠비아 90개, 탄자니아 141개, 케냐 768개, 르완다 167개의 지교회가 있다고 소개하고 있다. 특히 2024년 6월에 케냐 몸바사에서 목회자 세미나를 개최했는데, 이를 계기로 187개 기성교회가 케냐 사랑하는교회 지교회로 가입해 총 768개 교회가 되었다고 주장하고 있다.[74]

사랑하는교회 다음카페에는 아프리카 지교회들의 숫자가 계속 증가하고 있다는 브룬디, 콩고, 우간다, 잠비아, 탄자니아, 케냐, 르완다에서 보내온 글과 사진이 게시되어 있으며, 사랑하는교회에서는 "아프리카 특별선교 헌금" 항목을 별도로 마련해 운영하고 있다.[75]

사랑하는교회는 간접적인 사회봉사나 문화 활동보다는 직접

---

73) 대한예수교장로회(부흥), 〈assoc.belovedc.com〉.
74) 사랑하는교회, 〈beloved.com〉.
75) 사랑하는교회 다음카페, 〈cafe.dum.net/Bigchurch〉.

적인 포교 활동에 집중하는 모습이다. 이단 시비와 관련해서는, 사랑하는교회가 "한국교회를 대표하는 한기총 소속"이라는 점을 내세워 홍보하는 한편, 소위 삼중사역, 즉 가르치고, 복음을 전파하고, 병을 고치는 것(마 4 : 23)이 부흥의 비결이라고 홍보하면서, 현지 교회들과 관련성을 맺어가고 있다.[76]

현재 사랑하는교회 아프리카 본부 교회가 위치한 브룬디에 10억 원이 넘는 공사비를 들여 "사랑이 넘치는 병원"이라는 이름의 준종합병원을 건축하고 있는데, 내과, 소아과, 정형외과, 안과, 산부인과로 시작하는 이 병원을 아프리카 포교를 위한 거점으로 활용할 예정이라고 밝히고 있다.[77]

신천지, 하나님의교회, 구원파, 통일교 등의 이단들과는 달리, 사랑하는교회는 기성교회의 틀을 갖추고 활동하고 있어 분별과 대처가 어려운 형편이다. 사회적 노출이나 이미지 홍보용 간접 포교 방식보다는, 지역을 기반으로 아프리카 곳곳에서 저인망식 포교 활동을 진행하면서 교세를 확장해 나아가고 있는 사랑하는교회를 주목할 필요가 있다.

---

76) "아프리카 지교회 700개 넘은 사랑하는교회,"「자유일보」(2023.10.20).
77) "아프리카 783개 지교회 세운 사랑하는교회, 브룬디에 병원도 세운다,"「자유일보」(2023.12.8).

대규모 행사로 몸집 키우는 통일교

통일교의 아프리카 포교는 50년 전인 1975년에 본격화된다. 통일교 선교사인 미국인 패트리샤 플라이슈먼(Patricia Fleischman)은 독일인 베른하르트 보데(Bernhard Bode)와 일본인 마코토 마에다(Makoto Maeda)와 함께 서아프리카 세네갈에 도착한다. 이슬람교를 믿는 사람들이 절대다수를 차지하는 세네갈에서 플라이슈먼은 장애인 교육 프로그램을 운영하면서 통일교 포교의 기반을 다졌다.[78]

현재 통일교는 한학자의 세계평화통일가정연합(FFWPU, Family Federtion for World Peace and Unification)과 3남 문현진의 글로벌피스재단(GPF, Global Peace Foundation)으로 분열되어 문선명을 잇는 한 치의 양보도 없는 후계전쟁을 벌이고 있는데, 이 두 단체 모두 아프리카에서 대규모 NGO 및 종교 행사로 영향력을 유지하고 있다.

한학자의 세계평화통일가정연합은 남아프리카공화국 요하네스버그(ffwpu.org.za), 잠비아, 세네갈 등지에 주요 거점을 가지고 있으며, 한학자가 직접 아프리카 현지를 방문해 행사를 개최하고 결속력을 강화하고 있다. 2018년 세네갈과 남아프리카공화국에서 '아프리카 서밋(Africa Summit)'을 개최했고, 2019년에도

---

78) Patricia Fleischman, "Senegal-the Formative Years of the Mission," *Today's World* (1985.4).

'아프리카 서밋'과 '아프리카 지도자 컨퍼런스(Africa Leadership Conference)'를 개최했으며, 코로나19 이후 다시 비대면 및 대면 행사를 이어가고 있다. 또한 2024년에는 남아프리카공화국 청소년 리더십 훈련, 아프리카연합(Africa Union)에서 남아프리카공화국, 르완다, 가나, 코트디부아르, 나이지리아 등의 종교지도자들이 참여한 아프리카 영성의 날(Africa Spiritual Day) 기념행사를 개최했다.[79] 아프리카의 세계평화통일가정연합은 반세기의 조직력과 경제력을 기반으로 다른 한국 이단들과는 비교되지 않는 규모와 내용으로 정례적인 행사로 영향력을 유지하고 있다.

문현진의 글로벌피스재단의 NGO 활동도 활발하다. 본 재단은 미국에 본부를 둔 세계적인 조직인데, 아프리카에서는 케냐, 나이지리아, 탄자니아, 우간다를 거점으로 조직적인 사회봉사 활동을 진행하고 있다. 2024년에만 케냐 나이로비에서 '글로벌 피스 리더십 컨퍼런스(Global Peace Leadership Conference)'와 '청소년 리더십 개발 트랙(Youth Leadership Development Track)'을 개최하는 등 거점 국가들에서 리더십, 가정, 청소년, 환경 등의 주제로 행사를 개최하고 있다.[80] 초종교 NGO 활동을 지향하며, 이미 남미와 중앙아시아에서의 활동을 통해 많은 노하우를 가지고 있는 글로벌피스재단은 향후 젊은 대륙 아프리카에 지속적으로 영향력을 확대할 것으로 예상된다.

---

79) FFWPU Mission Support, 〈familyfedihq.org〉.
80) Global Peace Foundation, 〈globalpeace.org〉.

아프리카에서 포교하는 안식교, 몰몬교, 여호와의증인 등 미국계 이단들도 통일교의 접근방식과 다르지 않다. 안식교는 동부, 서중부, 남부, 북부 아프리카에 주요 거점을 두고, 곳곳에 대학교와 병원을 운영하면서 사회봉사 활동을 하고 있고, 몰몬교는 아프리카 중남부 국가들을 중심으로 가정의 가치를 강조하면서 인도주의적 활동에 초점을 맞추고 있으며, 여호와의증인도 재난복구 활동과 시청각 장애인 지원 사업을 하면서 사회적으로 긍정적인 이미지를 만들어가고 있다.[81]

통일교는 가장 처음으로 아프리카 대륙에 진입한 한국 이단이다. 현재 한학자의 세계평화통일가정연합과 문현진의 글로벌피스재단으로 분열되어 활동하고 있지만, 조직 형태, 행사 유형, 참가자 성격 모두 유사한 방식으로 활동하고 있다. 또한 이들은 현재 막강한 경제력과 정·재계 네트워크를 기반으로 아프리카 대륙에 영향력을 가지고 있는 가장 대표적인 한국 이단으로 자리잡고 있다.

흥미로운 사실은, 아프리카에서 활동하는 한국 이단들의 활동 전략과 패턴이 매우 유사하다는 것이다. 마치 아프리카 공략을 위한 통일교 전략을, 후발 주자인 하나님의교회, 신천지, 구원파가 벤치마킹하고 업그레이드하는 모습이다. 즉, 낙후된 젊은 대륙 아프리카 상황을 고려한, 리더십 계발, 가정의 역할 강화,

---

81) ⟨adventist.org⟩, ⟨churchofjesuschrist.org⟩, ⟨jw.org⟩.

청소년 교육과 지원, 환경 보호 등의 이슈들을 전면에 내세워 현지 사회에 효과적으로 접근하고 있다. 분명한 점은, 이 모든 활동이 교리 포교 및 거점 확보를 위한 사전 단계로서 이미지 홍보와 관계 형성을 목적으로 하고 있다는 사실이다. 국내에서도 그리고 세계 곳곳에서도 한국 이단들은 '친절'하고 '친근'하게 다가와, '친밀'한 관계를 형성한 후, '치밀'한 미혹을 진행하고, 마침내 사회와 가정에 '치명'적인 아픔과 피해를 주는 대동소이한 전략을 구사하고 있다.

———— Pandemic

7. 온라인 한국 이단들

바야흐로 코로나19와 함께 온라인 이단의 시대가 개막되었다. 특정인을 대상으로 한 전통적인 이단들의 '대면 포교'가, 불특정 다수에 대한 온라인 '비대면 미혹'으로 바뀐 양상이다. 주목할 만한 사실은, 이미 코로나19 이전부터 이단은 세련된 온라인 포교 환경을 구축해 놓고 활동하기 시작했다는 점이다.

신천지는 신도 교육과 통제를 위한 다양한 모바일 프로그램들을 사용해 왔고, 하나님의교회나 전능신교는 유튜브에 수많은 완성도 있는 동영상들을 게시해 오고 있으며, 박옥수 구원파의 경우에는 최근 온라인 성경세미나를 진행한 후, 줌(Zoom)을 이용한 후속 상담까지 진행한다. 어쩔 수 없이 온라인 세상으로 발을 들여놓은 교회와는 달리, 이단들의 스마트한 온라인 미혹은 이미 광범위하게 진행되고 있다.

각종 SNS 플랫폼은 이단들의 주요한 활동 무대가 되었다. 심지어 온라인 이단들의 카드뉴스, 동영상, 팟캐스트 등은 콘텐츠와 디자인 모두 세련되고 완성도가 돋보인다. 이단들의 고퀄리티 영상과 음악에 익숙해진 눈과 귀를 만족시키기란 쉬운 일은 아니다. 온라인 이단들의 활동에 대처할 수 있는, 온라인 이단 예방 및 교회교육 콘텐츠의 개발과 실용화가 시급하다.

신천지도 오프라인에서는 눈에 띄지 않지만, 온라인에서는 여전히 활발하게 움직이고 있다. 코로나19 사태 악화의 주요 원인 제공자인 신천지는 요즘 마치 숨 고르기에라도 들어간 듯, 그 모습을 잘 드러내지 않고 있다. 하지만 신천지가 활동을 잠정 중단했다고 볼 수는 없다. 오프라인에서는 활동을 자제하고 있는지 모르지만, 적어도 온라인에서는 여전히 광폭 행보를 보인다. 코로나19 이전부터 신도들의 교육과 통제를 위한 온라인 환경을 구축한 신천지가 더 깊이 숨어들어 간 느낌이다. 표면적으로는 신천지 활동이 위축된 것 같지만, 실제로는 사이버 공간 속에 세운 그들의 왕국에서 교리교육, 활동 지시, 신도 통제가 치밀하게 이루어지고 있다. 이단들의 활동 무대가 시공을 개의치 않는 온라인 세상으로 더 넓게 펼쳐진 상황이 되었다.

더욱 염려스러운 현상은, 신천지나 하나님의교회 같은 대형 이단들뿐만 아니라 온라인 사각지대에서 종말론적 위기감을 조장하는 군소 이단들도 활발하게 움직이고 있다는 사실이다. 최근 정체가 불분명한 온라인 이단들에 관한 문의와 상담이 이어지고 있다. 코로나19와 함께 온라인 접속률이 급격히 높아지면서, 이를 포교와 영향력 강화의 호기로 생각하는 온라인 이단들이 경쟁적으로 사이버 공간으로 뛰어들고 있다.

온라인 이단들은 그 성격, 규모, 위치의 불확실성으로 인해, 기존처럼 교단들이 이단으로 규정하여 대처하기 어려운 한계가 있다. 이로 인해 몸은 가정과 교회에 그대로 있지만, 눈과 귀는 온라인 이단들을 따라 움직이는 교회 안의 이단 신도들이 양산되고 있다. 이들은 각자의 관심에 따라, 다양한 사이트에서 온라인 이단들과 만나고 있으며, 사실 확인이 불가능한 정체불명의 링크를 주변 지인들과 공유하고 있다. 스미싱처럼 온라인 송금을 통한 금전적 피해, 혹은 정신적 피해 발생도 충분히 가능한 조건을 갖추고 있다.

다행히 이단의 도전과 유혹에 대응하고 대처하는 온라인 모임도 활성화되고 있다. 피해자들이 모여 조직적이고 집단적인 대처를 하고, 또한 이단 교리의 허구성이나 이단 집단의 비윤리적 반사회성을 노출하는 아래와 같은 사이트들도 국내외에서 늘어나고 있다.

- 바로알자 신천지
  〈https://cafe.naver.com/soscj〉
- Christian Analysis of Shincheonji's Movement
  〈https://shinchonjiandthebible.blogspot.com〉
- 가나안(JMS를 떠나 예수님의 품으로)
  〈https://cafe.naver.com/outofjms〉
- 대한예수교침례회 바로 세우기
  〈https://cafe.naver.com/jbchlove〉
- 다락방 밖으로
  〈https://cafe.naver.com/outofdarak〉
- 다락방 팩트북

⟨https://sites.google.com/view/weea777/%ED%99%88⟩
- 여호와의 증인 카페

  ⟨https://cafe.naver.com/jworkr/21⟩
- 만민중앙교회와 이재록 목사의 진실

  ⟨https://cafe.naver.com/daintyman⟩
- 하나님의교회 피해자 가족 모임

  ⟨https://cafe.naver.com/hapimo⟩
- Examining The World Mission Society Church of God

  ⟨https://www.examiningthewmscog.com⟩
- Encountering the Cult of Ahnsahnghong

  ⟨https://encountering-ahnsahnghong.blogspot.com⟩

오늘날에는 온라인 이단들의 바이러스에 감염되지 않도록 충분한 거리두기가 필요하다. 코로나19 감염 예방을 위한 '사회적 거리두기'도 필요하지만, 이제는 온라인 이단 대처를 위한 '영적 거리두기'도 필요한 상황이 되었다. '대면 미혹'은 시간과 장소의 제한이 있지만, '비대면 유혹'은 때와 장소를 가리지 않고 진행된다. 해외와 군대도 미혹의 장소가 되었고, 심지어 자녀와 배우자가 바로 내 곁에 있어도 안심할 수 없다. 이들의 손에 들린 스마트폰을 통해 온갖 종류의 이단 콘텐츠를 접할 수 있는 세상이 활짝 열렸다. 스스로 온라인 이단들 사이트에 접속을 시도하고, 알고리즘에 붙잡혀 유사한 종류의 사이트에 중독적으로 머물게 된다. 되돌이킬 수 없는 온라인 이단의 시대로 접어들었다.

K-트렌드로 위장한 K-이단들의 온라인과 오프라인을 통한 광폭 행보가 세계 곳곳에서 이어지고 있다. 해외의 한국 이단들에 대한 효과적인 사후 대응과 선제적 예방 없이는 한국교회의 선교 사명을 감당하기 어려운 세대가 되었다. 이단들은 조직력과 경제력을 앞세워 선교 오지 곳곳을 파고들고 있다. 이로 인해 이단 대처 없는 복음 전도는 비효율적일 수밖에 없다.

한국적 이단들의 팬데믹 현상 속에는 감춰진 비밀 코드가 존재한다. 이들은 기존 이단 교주들의 비성경적 주장을 표절, 도용, 융합한 교리를 마치 유일무이한 창의적 계시인 것처럼 포장해 선전하면서 미혹의 덫을 세상 곳곳에 설치하고 있다. 또한 신도들에 대한 세뇌, 통제, 착취를 통해, 허구를 사실로, 거짓을 진실로, 착취를 헌신으로 둔갑시킨 이단 교리를 자발적으로 받아들이도록 맹신과 맹종의 가스라이팅을 시도한다. 이렇게 혼합적이고 비성경적인 스토리 라인이 유사하게 모든 이단의 교리에 흐르고 있다.

이단들은 넘어진 자들을 세우는 게 아니라,
서 있는 자들을 넘어뜨린다.

Fiction

이단, 교리를 지어내다

Fiction

이단, 교리를 지어내다[1]

　한국 이단 교리는 혼합주의적 코드를 장착하고 있다. 외형상으로는 기독교계 이단으로 분류된다고 하더라도, 내용상으로는 불교, 유교, 도교, 샤머니즘, 민간 속설 등이 적절하게 섞여 있는 혼합적 교리의 형태를 가지고 있는 경우가 비일비재하다. 이 모든 이야기를 융합해, 그들만의 교리를 지어낸다. 교리의 허구적 전개는 국내뿐만 아니라 해외 이단들도 다르지 않다.

　성경은 단지 새로운 신도 확보와 교세 확장을 위한 접근 수단으로 사용될 뿐, 목적 달성을 위해서는 사실 확인이 불가능한 정

---

1) 이 내용은 2023년 4월호부터 2024년 2월호까지 "기독교 이단들의 경전"이란 주제로 「기독교사상」에 게재된 글들을 수정·보완한 것이다.

체불명의 민간 속설마저도 거침없이 인용하면서, 성경의 불완전성을 충족하기 위한 '비밀스러운 영적 계시의 말씀'이라고 속이고 합리화한다.

예를 들면, 신천지 교리는 『남사고비결(南師古秘訣)』이라는 민간 속설에 깊이 영향을 받았다. 조선 중기 인물인 격암(格庵) 남사고(南師古)가 기록했다고 전해지는 『남사고비결』은 그의 호를 따라 『격암유록(格庵遺錄)』이라고도 불리는데, "불로불사(不老不死)", "사말생초(死末生初)", "신천지(新天地)" 등 신천지 핵심 용어들의 출처이기도 하다. 필체, 표현, 내용 등에 대한 분석을 통해 위서(僞書)로 판명되었지만, 전도관의 박태선을 비롯해 오늘날 허경영에 이르기까지, 한국 기독교계 신흥종교 및 이단 교주들의 필독서로 자리 잡은 책자이다. 이만희의 『천국비밀 계시록의 진상』의 부록에도 『남사고비결』의 관련 내용이 게재되어 있다.

문제는, 이러한 도용과 표절의 정체를 모르는 신도들이다. 교주의 가스라이팅에 붙잡힌 신도들은, 이러한 허구적인 교리를, 이전에는 알려진 바 없으며 오직 자신들에게만 주어진 영적 계시이자 비밀스러운 말씀이라고 믿는다. 이렇게 왜곡된 선민의식에 대한 맹종과 맹신은, 마침내 학업과 직업과 가정을 포기하고 이단이라는 손가락질마저도 개의치 않는 상태로 전락하게 만든다.

한국 이단들의 경전이나 교리의 특징은 두 가지 외래어로 표현할 수 있는데, '벤치마킹(benchmarking)'과 '업그레이드

(upgrade)'이다. 즉 다른 이단 교주의 교리를 벤치마킹한 후, 자신에 맞게 업그레이드한 결과가 한국 이단들의 교리인 것이다. 이렇게 만들어진 혼합적 형태의 교리는 한국 이단들의 주요한 특징이 되었다.

정득은의 『생의 원리』는, 한국 이단 교리서의 고전(古典)으로 여겨진다. 이 책은 한국 이단 사상의 체계화된 최초의 교리서라고 할 수 있는 김백문의 『기독교근본원리』에 영향을 주고, 이는 한국 이단의 뿌리로 알려진 전도관 박태선의 『오묘』와 통일교 문선명의 『원리강론』에 직접적인 영향을 준다. 또한 이들의 흔적은 신천지 이만희의 『천국비밀 계시록의 진상』과 JMS 정명석의 『30개론』에도 고스란히 드러나고 있다. 이 밖에도 대표적인 기독교계 사이비 단체로 알려진 동방교의 『경화록』, 그리고 해외에서 한국으로 들어온 미국 예수그리스도후기성도교회의 『몰몬경』과 중국 전능신교의 『말씀이 육신으로 나타남』 등을 통해, 이단 교리의 상호 모방 및 허구적 실체에 접근할 수 있다.

1. 정득은의 『생의 원리』

천사(天使) 장차(長次) 마귀(魔鬼)「루스베리」라함이 있었으니 질투자(嫉妬者)요 시기자(猜忌者)다. 아담이 하나님의 은혜(恩惠)로서 창성(昌盛)하여 많은 복(福)을 누릴 때 이를 시기(猜忌)하여 넘어트리고저 엿보기 시작(始作)하였던 것이다. 전능자(全能者)의 많은 사랑을 받으면서 희락(喜樂)의 날을 보내는 것을 볼 때 탐(貪)을 내어 기회(機會)를 탈 괴휼을 꾸미였든 것이니 이는 곳 해와를 유린(蹂躪)하여 불의의 씨가 백기게 하였던 것이다. 이것이 인류(人類)를 모함에 쏠어넣은 원인(原因)이다.(정득은,『生의 原理』)

넷플릭스(Netflix) 다큐멘터리 "나는 신이다"를 통해 국내외에서 논란의 중심에 선 JMS 정명석의 범죄는, 종교적 확신범에 의해 치밀하게 기획되고, 교리적으로 합리화된 전형적인 가스라이팅 성범죄였다. 주목할 점은, 이와 매우 유사한 비성경적 성적 타락론(性的墮落論) 교리가 통일교 문선명의 『원리강론』과 김백문의 『기독교근본원리』에 고스란히 드러나 있

정득은의 생의 원리

―――――― Fiction

다는 사실이다. 정득은(丁得恩, b.1897)의 『생의 원리(生의 原理)』는 정명석, 문선명, 김백문 교리의 원자료(原資料)라고 할 수 있다. 즉, 사탄이 하와를 성적으로 범했고, 하와가 낳은 가인은 사탄의 자녀이며, 예수의 구원 사역도 실패했기 때문에, 새로운 재림주가 왔다는 이단적 서사의 근원(根源)이다.

"대성녀(大聖女)" 정득은

예수는 "대성자(大聖子)"이고 자신은 "대성녀(大聖女)"라고 주장했던 정득은의 『생의 원리』(세종문화사, 1958) 서두에는 그녀의 이력과 활동이 기록되어 있다. 평양의 한 장로교회에 출석하던 정득은이 성령체험 후 "영통력(靈通力)"을 소유하게 되었고, 정신질환자와 난치병자들을 기도로 고치던 중, 전도하라는 계시를 받아 1945년 월남(越南)했다고 한다.

> 8.15(八.一五) 해방당시(解放當時)에는 평양(平壤)에 있었다. 그 무렵 공산치하(共產治下)에서 비밀(秘密)히 모이고 있는 한 신령집단(神靈集團)에 왕왕(往往) 나가고 있었는데 하루는 옥씨(玉氏)라고 하는 어느 부인(婦人)의 자택(自宅)에서 기도(祈禱)하는 가운데 「오후3시(午後三時)에 남(南)으로 가서 전도(傳道)하라」는 계시(啓示)를 받고 그가 평양(平壤)에 사사(師事)하던 박을어씨(朴

乙魚氏)에게 가서 상의(相議)한즉 박씨(朴氏) 역시(亦是) 동일(同一)한 계시(啓示)를 받았노라고 증거(證據)하여 주기에 시간(時間)을 맞추어 월남(越南)하게 되었으니 그것은 4278년(四二七八年) 음력(陰曆) 동지(冬至)달이었다. (5쪽)

서울에 도착한 정득은은 20여 명의 추종자와 집회를 가지면서, 김백문(金百文, 1917-1990)의 모임에도 간혹 참여했는데, 당시 정득은이 독방에서 기도를 하던 중 "손을 잘러 그 피를 金先生에게 먹여라"는 계시를 받았고, 정득은이 김백문에게 계시의 내용을 전하고 면도칼로 손가락을 자르려고 하자, 김백문이 막았다고 한다. (6쪽) 피(血) 교환의 필요성에 대한 교리가 실제로 실행되려던 순간이었다.

이후 김백문의 상도동교회에서 방호동(方好童) 모자(母子)를 만나게 되는데, 방호동은 정득은의 구술을 받아적어 『생의 원리』를 기록하게 된다. 정득은은 이들의 후원으로 1946년 삼각산기도원을 설립했으며, 이곳에서 전도관(傳道館) 설립자인 박태선(朴泰善, 1917-1990) 부부와도 교류하게 된다. (6-7쪽)

1950년 6·25전쟁이 발발했고, 동년 9월 서울이 수복되자, 정득은은 용산구 원효로 2가에 에덴유치원을 세워 전쟁고아 및 어려운 이들에게 쌀을 나누어주는 등의 구호사업을 했다. 이후 평택으로 이주해 장로교회에 출석하던 중 이단 논란에 휩싸이게 되었고, 다시 서울로 돌아온 후, 1953년 용산구 신계동에 대성심

기도원(大聖心祈禱院)을 설립한다. (7쪽)[2]

『생의 원리』의 구성

한국 기독교이단운동의 체계적인 성적 타락론의 효시로 알려진 정득은의 『生의 原理』는 1958년 세종문화사 신흥종교문고편찬회(新興宗敎文庫編纂會)에서 엄유섭(嚴攸燮)이 편집해 발간했다. "대성심기도원(大聖心祈禱院)"이라는 부제(副題)로 출간된 『생의 원리』는, 세종문화사의 "한국신흥종교연구" 시리즈 12번째로 출간되었는데, 기독교계 신흥종교로는 통일교회, 부흥전도관, 용문산기도원 등이 시리즈 간행 계획에 포함되어 있었다.

총 90쪽의 본문 분량으로 구성된 『생의 원리』의 첫 부분인 "서보(書報) 및 자료(資料)"에는 정득은과 추종자들이 함께 찍은 사진들이 게시되어 있으며, 이어서 "연혁(沿革)과 소개(紹介)"(5-9쪽)와

---

[2] 대성심기도원(大聖心祈禱院)의 목적(目的)은, "(가) 심신(心身)의 수련(修鍊)으로써 혈육적(血肉的) 욕심(慾心)을 초월(超越)하고 심중(心中)에 예수님을 모시고 피와 살이 전폭(全幅)으로 기독화(基督化)하기 위하여 수도(修道)함을 목적(目的)함 (나) 성경(聖經)을 토대(土臺)삼아 (다) 예수께서 율법(律法)이나 선지자(先知者)를 폐하러 온 것이 아니라 완전(完全)케 하러 왔노라 하사 완전(完全)케 하시기 위하여 받으신 고난(苦難)을 힘입어 선지자(先知者)의 예언(豫言)하신 말씀을 한 말씀도 어김없이 이행(履行)하심을 본받아 (라) 우리는 기독(基督)의 교훈(敎訓)을 수행(守行)하기 위하여 그의 예언(豫言) 「너희는 나보다 큰일을 하리라」하신 말씀을 이루려 심신(心身)의 수련(修練)을 쌓아 주(主)의 거룩하심 같이 우리도 거룩하여 대성심(大聖心)의 뜻을 성취(成就)하려는데 있음"이었다. (8-9쪽)

"교리요약(敎理要約)"(10-86쪽), 그리고 마지막 "결어(結語)"(87-90쪽)로 구성되어 있다.

책의 본문이라고 할 수 있는 "교리요약(敎理要約)"은 정득은의 구술(口述)을 방호동(方好童)이 필책(筆責)한 것으로, "一. 창조론(創造論)"(11-35쪽), "二. 복귀역사(復歸役事)"(36-54쪽), "三. 생(生)의 원리(原理)"(55-86쪽)의 세 부분으로 나뉘어 있으며, 정득은의 교리적 핵심을 뚜렷이 보여주고 있다.[3]

창조론(創造論)

먼저, "창조론" 항목은 '창조의 이유'와 '타락의 원인과 과정'에 대해 서술한 교리이다. 정득은, 하와의 등장 이유에 대해, "만물(萬物)이 양(陽)과 음(陰)으로 진화(進化)되어 나감을 볼 때 신(神)이 아담의 심중(心中)에 함께 할데 독처(處)함이 쓸쓸하심을 느끼시고 음(陰)을 짓기 위(爲)하여 한 여인(女人) 헤와로 동거(同居)하게 하셨던 것"인데, 하와가 타락한 천사인 루시퍼에게 성적(性的)으로 유린(蹂躪)당했고, 이로 인해 하와가 낳은 가인은 "아담의 자식(子息)이 아니라 불의(不義)의 종자(種字)" 즉 사탄 루시퍼의 자식이라고 주장한다. (12-15쪽)

---

3) 본문 앞 목차에는 "生의 原役"로 되어있지만, 이는 "生의 原理"의 오기로 보인다. 본문에는 "生의 原理"로 표시되어 있다.

하나님께서는 아담과 이부로 당신(當神)의 백성(百姓)을 번식(繁殖)하시려고 예정(豫定)하셨던 섭리(攝理)다. 이러한 뜻을 루수벨 당시(當時) 천사장(天使長)이 알게 되어 이부를 유혹(誘惑)하여 마귀(魔鬼)에게 자식(子息)을 낳아주셨으니 이는 곧 가인이다. 아담에게는 얻은 자식(子息)이다.(22쪽)

이러한 성적 타락으로부터 회복시키려는 하나님의 뜻이, 바로 예수 그리스도의 탄생이라고 정득은은 주장하면서, "처녀(處女)가 자식(子息)을 나으리니 「임마뉴엘」이라 하리라. 처녀(處女)로 아이를 낳게 한 뜻이 곧 「혜와」가 루스벨이에게 유혹(誘惑)되어 가인을 난 것을 회복(回復)하려는 뜻에서 행(行)하여진 일"이라고 해석한다(23쪽). 하지만 마리아가 자신의 책임을 다하지 못했기 때문에, 예수가 십자가에서 죽임을 당하고, 회복에 실패했다고 주장한다.

마리아(馬利亞)는 신(神)의 섭리(攝理)를 받아 순종(順從)하여 아들을 낳기까지는 성공(成功)이었으나 그는 그 태도(態度)를 완전(完全)히 정(定)하지 못하였다. 세속(世屬)에 끄치며 거룩한 뜻을 받고도 거룩히 구별(區別) 못하였다. 예수가 십자가(十字架)를 지게 된 원인(原因)이 요한(扣翰)에 치채(致債)도 있지만 마리아(馬利亞)의 잘못이 더 많을 것이다.(24쪽)

즉 동정녀로 예수를 낳은 것까지는 좋았지만, 이후 요셉과 살지 말아야 했는데, 함께 동거하며 부부생활을 했으므로, "마리아(馬利亞)가 자기책임(自己責任)을 다하지 못한 것"이 예수의 사명이 실패한 원인이라는 것이다.(25쪽) 또한 예루살렘성전에 남았던 어린 예수를 다시 찾으러 간 것도 마리아의 큰 실책이라고 주장한다.(41쪽)

복귀역사(復歸役事)

"복귀역사"는 타락으로부터의 회복에 관한 교리이다. 아담과 하와의 타락, 그리고 예수의 구원 사역 실패로 인해, 새로운 회복 과정을 주도할 인물이 필요했다는 주장과 함께, 정득은은 자신이 "남방여왕"(눅 11 : 31, 마 12 : 42), 즉 "심판 때에… 일어나 이 세대 사람을 정죄"하는 "솔로몬보다 더 큰 이"며, 이미 세상에 와 있다는 것을 적극적으로 암시한다.

> 남방여왕(南方女王)이 어데서 올까 「비율율도(比律率島)」에서 올까 「오끼나와」에서 올까 어데서 올까 이것이다. 무엇보다도 정죄(定罪)를 당(當)하지 말아야 할 것이다. 이 여왕(女王)이 어데서 오는지는 모른다. 그러나 바로 지금(至今)은 정죄당(定罪當)하는 때니 요한일서4장3절(一書四章三節)에 오리라한 그가 임의 세상

(世上)에 존재(存在)하나니라. (51쪽)

　세상에 이미 와 있는 "남방여왕"이, "「헤와」가 실패(失敗)한 것을 복귀(復歸)하는 성사(成事) 헤와이며 완전(完全)을 올리는 마리아(馬利亞)요 아버지에 뜻을 완전(完全)히 이루어 예수님의 양식(糧食)을 채워드리는 사마리야 여인(女人)"이라고 주장하면서, 정득은은 바로 자신이 그 사명자라는 것을 암묵적으로 예시(豫示)하고 있다. (51쪽)

생(生)의 원리(原理)

　마지막으로, "생의 원리" 항목에서는, 부활과 재림에 관한 교리를 설파한다. 먼저, 욕심(慾心)과 욕망(慾望)에 사로잡혀 있는 것이 인생(人生)이라고 전제한 후, 원이치(原理致)를 살았던 모본(模本)이 대성자(大聖子)인 예수 그리스도(耶蘇基督)라고 설명하는데(55쪽), 정득은은 자신을 이에 비견되는 "대성녀(大聖女)"로 이해한다.
　한편 예수가 "전능자의 지위를 차지하게 된 것은 개인 환경을 이김"으로 인해서 가능했으며, "비록 가부엘 천사의 계시로 동정녀에게서 탄생하였다 할지라도" 광야에서 사탄의 미혹에 넘어갔다면 "머리돌이 못 되셨을 것"이라고 정득은은 덧붙인다.

부활에 대해서 정득은은, "예수님 부활하신 후로는 선악간의 부활이 있다"고 하면서, 무익한 욕심에 사로잡혀 허덕이는 자를 "심판의 부활자" 그리고 정의를 갈망하는 소망에 살면서 무익한 욕심을 멸하고자 싸우는 자를 "영생의 부활자"로 구분한다. (59, 61쪽) 또한 재림의 모습을 다음의 네 가지로 설명하는데, 내용 중 "재림(再臨)하셨다"는 완료형 표현이 눈에 띈다.

1. 주님(主抵)은 재림(再臨)하신다. 영광(榮光)과 권세(權勢)로 구름을 타고 천사장(天使長)의 나팔 소리와 더부러 재림(再臨)하셨다.
2. 그럿타 하늘로 올여가신고대로 많은 사람들이 하늘로 올러감을 본 그대로 재림(再臨)하셨다.
3. 천사장(天使長)의 호령(呼令)과 뇌성(雷聲) 여(如)한 음성(音聲)으로 많은 물소리와 같은 소리로 나타나신다.
4. 찔은 자(者)도 볼 것이요 치든 자(者)도 침 뱃트며 비소(非笑)하든 자(者) 욕하든 자(者) 다! 볼 것이다. …영광권세(榮光權勢)의 재림(再臨)이 필연(必然)코 있다는 것을 확신(確信)하라. 또 천사장(天使長)의 나팔은 준비(準備)이다. 이 나팔이 없이는 재림(再臨)이 있을 수 없다. (62쪽)

재림에 대한 위의 네 가지 언급에 대해, 첫째는 "인자(仁者)에 날의 재림(再臨)이요 여호와의 날"이고, 둘째는 "성도(聖徒)가 마지하는 재림(再臨)"이고, 셋째는 "안식세계(安息世界)라 하나님의 나라"이며, 넷째는 "재앙(災殃)을 받는 자(者) 지옥(地獄)사리 하는 자(者)들이 성도(聖徒)의 세계(世界)를 보고 후회(後回)와 신음 속에서 주(主)의 얼굴을 피하려 하는 것"이라고 부언한다. (63쪽)

정득은은, 다시 오실 주님을 "성사(成事)아담"이라고 부르면서, "첫 아담은 허락(許諾)지 않은 선악과(善惡果)를 따먹고 에덴동산(東山)에서 쫓겨낫고 후(後) 아담 예수는 하나님의 노하심을 풀어 들였던 그룹들의 화연 검을 열어 생명과수전(生命果樹前)에 나아가게 하시고 성사(成事)아담은 생명과실(生命果實)을 따먹고 영생(永生)할가 하노라"고 세 아담의 사역과 성격을 구분하는 한편(70쪽), 예수는 "죽임을 당한 부활신"으로, 그리고 자신은 "에덴복귀"를 이룰 "성사 아담" 곧 "생령의 사람"임을 암시한다.

> 태초창조(太初創造)에는 바람을 불어 넣는데서 생령(生靈)이 되게 하셨고 수락 후 복귀창조(復歸創造)에는 피와 살을 먹여 생령(生靈)을 번식하는 뜻을 일우려는대 사탄에 방해로 죽임을 당하여 부활신(復活神)으로 또 바람을 불어 성신(聖神)으로 생령(生靈)의 사람을 키워 또 다시 살과 피를 먹여 생령(生靈) 부활(復活)의 사람으로 번식하는데 하나님의 섭리(攝理)가 있다. …그럼으로 하나님께서 사랑하시는 생령(生靈)의 사람 영생(永生)할 수 있는 존재(存在)가 다되면은 에덴복귀(復歸)이다. (72쪽)

정득은 자신이 세 번째 아담이고 재림주라고 직접적으로 특정하고 있지는 않지만, 스스로 자신이 "에덴복귀"를 이룰 "남방여왕"이고, "성사아담"이며, "생령의 사람"임을 반복적으로 강조하고 있다.

정득은은 『생의 원리』를 마무리 하면서, "언제나 이 일을 일우시기 위하여 미리 사람을 정(定)하사 그 정(定)하신 사람으로 아담의 모양을 본받게 하시고 여러 아들 중(中)에 그로 맏아들을 삼으리라 하셨다."면서, "남아지 일은 수확(收穫)인데 기독(基督)을 달마 성경(聖經)의 교훈화(敎訓化)한 녹보석(祿寶石) 같흔 사람이 어데가 있는지 이는 두 감람나무요 두 촛대니라 그는 하나님 아버지만 아신다."고 결론짓는다. (86쪽)

정득은의 『생의 원리』 결론에 등장하는 "감람나무"에 대한 기다림은, 실제로 자칭타칭으로 자신이 감람나무라고 주장하는 수많은 이단 교주들이 양산되는 계기로 작용한다.

성적 타락론(性的 墮落論) 계보의 효시 『생의 원리』

정득은의 주변 인물들은 한국기독교 이단운동의 주요한 흐름을 고스란히 보여준다. 먼저, 정득은은 자신을 예수라고 주장하던 황국주(黃國柱, 1909-1952)에게 영향을 받았는데, 황국주는 그의 목이 잘리고 예수의 목이 붙었으며, 이로 인해 자신의 머리와

피와 마음도 전부 예수의 것으로 바뀌었다고 주장했던 인물이었다.[4]

황국주의 제자 중에는 문선명(文鮮明, 1920-2012)의 제자가 된 옥세현(玉世賢)과 정득은 등이 있었고, 문선명에게 절대적인 교리적 영향을 미친 김백문도 정득은과 교류했고, 박태선도 예외는 아니었다. 김백문을 따르던 방호동은 통일교 설립자 문선명에게 거처를 마련해주었고, 정득은을 따라 대성심기도원에서 수련했으며, 정득은의 구술을 받아적어 『생의 원리』를 작성한 인물이다.(103-104쪽) 즉 정득은 주변의 인물들은 모두 공생하며 상호협력했던 한국기독교 이단운동의 대표적인 주모자들이었음을 알 수 있다.

문선명의 추종자였던 기독교복음선교회(JMS)의 설립자 정명석(鄭明錫) 역시 이 계보의 후속세대에 속해있다. 정명석의 잔인하고, 지속적이며, 반복적인 성범죄 행각을 우발적인 범행으로 판단하기보다는, 성적 타락론(性的墮落論) 교리의 영향을 받아, 소위 재림주의 사명을 완수하려는 종교적 확신범에 의한 범죄로 봐야만, 문제의 본질과 그 심각성에 접근할 수 있다.

한국의 이단 교주들은, 서로를 벤치마킹하고, 자신에 맞게 업그레이드했으며, 여기에 『정감록(鄭鑑錄)』과 『남사고비결(南師古秘訣)』 등의 정체불명의 다양한 민간 속설을 섞은 혼합주의를 기

---

4) 탁명환, 『기독교이단연구』 (서울 : 한국종교문제연구소, 1986), 102.

본으로 하는 교리를 계발해 왔다. 정득은의 『생의 원리』를 시작으로, 김백문의 『기독교근본원리』, 문선명의 『원리강론』, 정명석의 『30개론』 등은, 아래와 같은 비성경적 핵심공통분모를 노출하며, 한국 기독교이단 성적 타락론(性的墮落論)의 계보를 이어오고 있다.

> 여인(女人) 해와로서 유인(誘引)된바 선악과적(善惡果的) 범행(犯行)이란 사신(蛇身)으로 나타난 악령(惡靈)과의 육체적(肉體的) 음행(淫行)을 말하게 되는 일이니 즉(卽) 사신(蛇身)으로 직접적(直接的) 육체성교(肉體性交)를 범행(犯行)한데서 해와로서 여자(女子)의 처녀정조(處女貞操)를 박탈(剝奪) 당(當)한 것도 컸으나 혈통(血統)에 미친 그 죄악성(罪惡性)은 곧 육체(肉體)의 성욕감(性慾感)을 거기에서 받아가진 그것으로 창조본성(創造本性)의 사랑의 반대(反對) 성리(性理)인 정욕(情慾)의 육성(肉性)으로 악화(惡化)케 되었던 것이다. (김백문, 『기독교근본원리』, 485)

> 인간을 꼬여 타락하게 한 뱀이 바로 천사였으며, 이 천사가 범죄하여 타락됨으로써 「사탄」이 되었다. … 「해와」가 선악과를 따먹었다고 하는 것은 그가 「사탄」(천사)를 중심한 사랑에 의하여 서로 혈연관계를 맺었다는 것을 뜻하는 것이다. … 불륜한 성적 관계에 의하여 천사장과 일체를 이루었던 「해와」는 … 「아담」으로 하여금 창조본연의 위치를 떠나게 하여, 마침내 그들은 육적인 불

륜한 성적 관계를 맺게 되었던 것이다. …「아담」마저 타락하였기 때문에, 「사탄」의 혈통을 계승한 인류가 오늘날까지 번식하여 내려온 것이다. (문선명, 『원리강론』, 80-91)

하와가 선악과를 따먹고부터 고통이 오고 또 잉태케 되었다고 했다. 세상에 무슨 과일이길래 따먹으며 잉태케 된단 말인가. … 하나님이 아담의 갈빗대를 취하여 하와를 만들었다는… 남성의 정자 하나를 갈빗대 하나로 비유한 것이다. …뱀은 타락한 천사… 천사장 루시퍼가 하와를 간음하여 타락케 했던 것이다. (정명석, 『30개론 강의안』, 194-196)

이단사이비 교주들의 성적 범죄는 교리적으로 치밀하게 합리화된 지능적인 종교범죄인 경우가 대부분이다. 이들은 성범죄 행각을, 회복을 위한 재림주의 구원행위라고 합리화하면서, 잔혹한 성범죄를 반복적이고 지속적으로 저지르고 있다.

안타깝게도, 이들의 가스라이팅에 미혹되어, 헌신이라는 미명으로 성적 범죄의 피해자로 전락한 이들은, 자발적 선택과 행위였다는 표면적인 이유만으로, 실정법과 공권력의 지원을 제대로 받지 못한 채 무기력한 모습으로 고통의 사각지대 속에 머물러 있거나, 시사고발 프로그램에 도움을 요청하는 것이 최선인 상황이다.

공권력과 언론은 이단사이비 교주들의 성적 타락론에 의해 심각한 사회적 위법 상황이 발생한 '이후'에야 개입할 수 있다는 한계를 노출해오고 있다. 그러므로 사건 발생 '이전'에도 문제의 심각성을 미리 간파하고, 선제적으로 예방적 차원의 안전장치를 마련할 수 있는 주도적 역할은 교회에 속해있다. 하지만 이단사이비 교주들의 성범죄와 유사한 문제들이, 소위 정결해야 할 정통교회 안에서도 빈번히 발생하는 딜레마 속에서, 이단사이비와 교회의 차별성은 점점 희박해져 가고 있다.

2. 김백문의『기독교근본원리』

여인(女人) 해와로서 유인(誘引)된바 선악과적(善惡果的) 범행(犯行)이란 사신(蛇身)으로 나타난 악령(惡靈)과의 육체적(肉體的) 음행(淫行)을 말하게 되는 일이니 즉(卽) 사신(蛇身)으로 직접적(直接的) 육체성교(肉體性交)를 범행(犯行)한데서 해와로서 여자(女子)의 처녀정조(處女貞操)를 박탈(剝奪) 당(當)한 것도 컸으나 혈통(血統)에 미친 그 죄악성(罪惡性)은 곧 육체(肉體)의 성욕감(性慾感)을 거기에서 받아가진 그것으로 창조본성(創造本性)의 사랑의 반대(反對) 성리(性理)인 정욕(情慾)의 육성(肉性)으로 악화(惡化)케 되었던 것이다.(김백문,『기독교근본원리』)

김백문의『기독교근본원리』,『성신신학』,『신앙인격론』

아담과 하와의 선악과 사건을 성적 타락이라고 해석한 김백문(金百文, 1917-1990)의『기독교근본원리(基督敎根本原理)』는 한국 기독교 이단의 주요한 흐름 중 하나인 성적 타락론을 체계화한 대표적인 교리서로, 통일교 문선명의『원리강론』과 JMS 정명석의『30개론』에 직접적인 영향을 주었다. 특히 김백문의 성적 타락론은 단지 교리로만 머물지 않고, 성(聖)을 회복하기 위해 성(性)을 이용해야 한다는 위험천만한 주장으로 계속 진화하면서, JMS처럼 비윤리적이고 반사회적인 성범죄를 종교적으로 합리화하는 가스라이팅 범죄의 교리적 근거가 되었다.

성적 타락론의 뿌리

김백문은 1917년 10월 19일 경북 칠곡군 인동면 안의동 488번지에서 출생했다. 그는 전통적인 성서 해석과는 다른 성적 타락론을 기본으로 하는 교리를 체계화했으며, 그 결과를 『성신신학(聖神神學)』(1954, 전체 464쪽), 『기독교근본원리(基督教根本原理)』(1958, 844쪽), 『신앙인격론(信仰人格論)』(1970, 366쪽) 등의 방대한 양의 교리서들을 통해 주장했다. 김백문은 일제강점 후반기 열광적 신비주의가 확산하던 1930년대 말부터 자신의 교리를 설파하기 시작했는데, 그의 저서들을 보면 그가 수준 높은 교육 배경을 가지고 있음을 짐작할 수 있다.

해방 직전인 1943년 김백문은 경기도 파주군 파평면 섭절리에 이스라엘수도원을 설립했고, 해방 후에는 서울 상도동에서 교회를 운영했는데, 이때 통일교 설립자 문선명이 찾아와 김백문으로부터 교리적 영향을 받았다고 한다. 김백문이 문선명에게 미친 교리적 영향의 흔적은 문선명의 『원리강론』에 데칼코마니처럼 고스란히 드러나 있다.

　김백문은 아담과 하와의 선악과 이야기를 성적 범죄로 해석한다. 즉 타락한 천사인 뱀에게 유혹된 하와가, 뱀의 모습으로 나타난 사탄과 성적 관계를 갖고 타락하게 된 것이 곧 선악과를 범한 것이고, 다시 하와가 아담과 성적 관계를 맺음으로 인해 온 인류의 혈통에 죄악성이 들어오게 되었으며(『기독교근본원리』, 485), "아담으로 시작(始作)된 타락에 육성세계(肉性世界)에 근본악성(根本惡性)은 혈통적(血統的) 육체계식(肉體繫殖)을 따라 유전적(遺傳的)으로 각종(各種)에 죄(罪)의 형태(形態)를 이루어 인종(人種)이 번창(繁昌)할수록 죄악(罪惡)의 종족(種族)도 번창(繁昌)했든 것이다."라고 주장했다.(『성신신학』, 103)

　하지만 성적 타락으로부터 회복하기 위한 방법으로 제시된 혈통 복귀 교리와 그로 인한 비윤리적 성적(性) 행태들이 노출되면서, 오늘날 『기독교근본원리』는 '성'(聖)을 빙자해 '성'(性)을 노리는 이단 사이비 교주들의 가스라이팅 지침서가 되었다.

『기독교근본원리』

　『기독교근본원리』는 1958년 3월 2일에 발간되었다. 서지정보에 따르면, 저자는 "초원(初園) 김백문"이고, 주소는 "서울특별시 종로구 종로 6가 212의 2"로 되어있으며, 총판매원은 "이스라엘

修道院"으로 표시되어 있다.

『기독교근본원리』의 "서해"(序解)에서 김백문은, "1946년 3월 2일 일찍이 이 일을 위(爲)하사 한국강산(韓國江山)에 현현(顯現)하신 주(主)님 앞에 삼가 이 사명(使命)을 이루어 바치나이다."라고 책을 헌정하면서, 이 책의 저술 경위와 발간 이유를 다음과 같이 밝히고 있다.

> 1946년 3월 2일 오전 11시~(20-30분)12시! 한국강산(韓國江山) 경기도(京畿道) 어느 산곡(山谷) 저자(著者)를 중심(中心)한 예배석상(禮拜席上)에 그리스도 예수께서 순간(瞬間)!『현현(現顯)』하신 은사(恩賜)를 직접 배알(拜謁)하게 되었던 것이다. 그날 그 순간(瞬間)의 된 일은 나로서 너무나도 그 존엄무쌍(尊嚴無雙)함이 일필난기(一筆難記)인 만큼 이를 지금(只今)까지 엄대(嚴對)했던 오늘에 이르러서 친(親)히 이 강산(江山)에 현현(現顯)하신 사실(事實)이 있었다는 것만은 기독교(基督敎) 역사상(歷史上) 기장(記章)될 일이면서도 더욱 한국(韓國)이 입은 은사(恩賜)로 알아 대약(大約)한 증거(證據)만으로 발표(發表)함은 그 일에 성과(成果)된 본서(本書)의 출간(出刊)을 기(期)하여 말하게 된 것이다. (『기독교근본원리』, 42-43)

이 책의 체계성과 치밀함은 책 서두의 "주해"(註解)에서도 여실히 드러난다. 김백문은 "크나큰 문제(問題)들의 확실(確實)한

이해(理解)를 위(爲)해서는 본서(本書)에서 인용(引用)한 어떤 술어(術語)이든 그 어의(語義)만은 본서(本書)로서 인용(引用)한 의의(意義)대로 통(通)하기를 바라서 여기 주(註)를 부(付)하는 것"이라고 설명하면서, "신관, 신성, 신학, 신령, 신, 신성섭리, 인격, 역사, 원인, 도리, 본체, 실유, 실증, 생존, 개성, 이해, 기인, 생존본분" 등에 대한 용어 해설을 먼저 제시한다. (52-55쪽)

『기독교근본원리』는 "삼대원리"(三大原理)라는 책의 부제(副題)에 따라 세 가지 원리, 즉 "창조원리"(創造原理), "타락원리"(墮落原理), "복귀원리"(復歸原理)로 구성되어 있다. 김백문은 "삼대원리(三大原理)가 어느 것도 결(缺)할 수 없이 원리적(原理的)으로 연관(聯關)되고 있는 관계(關係)"라고 설명하면서(56쪽), 이를 통해 구약과 신약 시대를 지나, 성약(成約) 시대의 복귀 역사를 통해 지상천국이 완성될 것이라고 주장한다. (30-31쪽)

창조, 타락, 복귀의 삼대원리

『기독교근본원리』의 핵심 틀인 삼대원리에 대해 김백문은 "삼대원리(三大原理)는 첫째 신성신학(神性神學)의 신관문제(神觀問題)를 비롯하여 인간학상(人間學上) 그 죄악(罪惡)의 근본문제(根本問題)와 끝으로 기독교(基督敎) 구원도리(救援道理)의 최후결과(最後結果)를 말하게 되는 것"이라고 전제하면서 다음과 같이 설명한다. 첫째, "창조원리(創造原理)는 순신학적(純神學的)인 신관문제(神觀問題)를 밝히게 되는 것"이고, 둘째, "타락원리(墮落原理)는 순인간학(純人間學)이면서도 거기에는 죄악(罪惡)의 근본유래(根本由來)와 그의 악령정체(惡靈正體)를 밝히는 일"이며, 셋째, "복귀원리(復歸原理)는 이제 그와 같은 원인원리(原因原理)로 말미암은 그 일에 해결(解決)과 결론적(結論的)인 그리스도의 도(道)임을 가르치는데서 기독교(基督敎) 신앙교리(信仰敎理)의 원리적(原理的) 근본성(根本性)을 밝히게 되는 것"이다. (7쪽)

먼저 "창조원리"에 대해, 신성(神性)은 각각 '빛'과 '말씀'과 '생명'으로 나타났으며, 빛은 '창조의 기원'을, 말씀은 '창조주의 인격'을, 생명은 '주물주로서의 영원한 관계성'을 드러낸 것이라고 해석하면서(51쪽). 신을 위해 창조된 인간이 인격적이고 윤리적으로 영원한 삶을 살도록 에덴이 만들어졌다고 주장한다. (315쪽)

하지만 아담과 하와가 사탄의 유혹에 넘어가면서 영원한 삶은 중단되고, 인간은 에덴으로부터 쫓겨나게 되었다고, 김백문은 그의 "타락원리"를 전개한다. 즉 우주창조(宇宙創造) 전에 신령세계(神靈世界)에서 만들어진 천사가(378쪽) 영화(榮華)로운 삶 속에서 지나친 자기 사랑에 빠졌고, 신의 자녀인 인간을 부러워하는 과정에서 죄악을 범하게 되었는데(388-389쪽), 바로 그것이 하와와의 육체성교(肉體性交)였으며, 이로 인해 그 죄가 아담에 이르렀고, 마침내 인류의 혈통(血統)이 죄악으로 더럽혀지게 되었다는 것이다. (484-485, 523쪽)

———— Fiction

이어지는 "복귀원리"는 타락 이전의 상태로 돌아가는 것인데, 기독교(基督敎)는 복귀에 대해 가르치는 '복귀(復歸)의 도(道)'이자 '복귀(復歸)의 원리(原理)'에 대한 가르침이라고 정의하고, 복귀를 위해 창조주가 몸소 두 번째 아담인 그리스도가 되셨다고 김백문은 주장한다.(589쪽) 또한 아담과 하와가 선악과를 '먹음'으로 지은 죄를, 그리스도의 성체(혈육)을 '먹음'으로 해결될 수 있다고 가르친 것이 그리스도의 구원사역이라고 해석한다.(799-800쪽)

나아가 기독교의 근본원리는 '복귀'를 논하는 것이라고 단언하고, "만물이 주에게서 나오고 주로 말미암고 주에게로 돌아가나니"(롬 11 : 36)라는 구절을 성서적 근거로 제시하면서, 복귀는 내적 구원 및 외적 구원, 즉 '인간(人間)의 육체세계(肉體世界)'도 구원하는 것이라고 주장한다.(840쪽) 이를 위해, 구약시대와 신약시대를 지나 '성약시대'(成約時代)를 주관할, '알파와 오메가'이고 '처음과 나중'이며 '시작과 종말'인 신이 '만물을 새롭게' 할 것이라고 결론짓는다.(809-816쪽)

『기독교근본원리』는 세계의 사상(思想)이 하나로 통일되고, 세계의 종교도 기독교로 하나 될 것이라는 주장으로 마무리되는데, 이는 '세계기독교통일신령협회'라는 통일교의 첫 공식 명칭과 문선명의 『원리강론』에 고스란히 드러나 있다.

성적 타락론의 계보

  필자는 1990년대 중반에 김백문의 저서 영인본(影印本)을 판매한다는 광고를 우연히 접한 후, 서울 정릉 인근에서 그의 제자를 직접 만나 김백문의 『성신신학』, 『기독교근본원리』, 『신앙인격론』 등의 책자를 구입했다. 헤어지기 전 통일교 문선명의 표절과 도용에 관해 궁금했던 내용을 몇 가지 조심스럽게 질문했지만, 그는 "이제는 다 지난 일"이라며, 침묵으로만 답을 주었다. 하지만 문선명이 김백문의 교리를 표절했다는 지울 수 없는 흔적들이 『원리강론』 곳곳에서 드러나고 있다.

  김백문의 주장은, 문선명과 정명석으로 이어지는 한국 기독교 이단들의 성적 타락론의 핵심 담론을 제공하고 있다. 통일교 문선명은 김백문의 『기독교근본원리』를 벤치마킹한 후 『원리강론』이라는 업그레이드된 버전을 출시했고, JMS 정명석은 『원리강론』을 참고해 『30개론』을 만들어냈다.

  김백문의 『기독교근본원리』를 벤치마킹한 문선명의 『원리강론』은 통일교의 핵심교리서이다. 통일교의 공식 명칭은 세계기독교통일신령협회(1954년), 세계평화통일가정연합(1994년), 훈독교회(2005년), 통일교(2010년), 세계평화통일가정연합(2013), 하늘부모님성회(2020년) 등으로 계속해서 변경되었지만, 핵심 교리를 담은 『원리강론』의 중요성은 변하지 않았다. 『원리강론』은 창조, 타락, 복귀, 재림 등으로 구성되어 있으며, 뱀과 인간(아담과 하와)

——————— Fiction

의 성적 범죄로 인해 인류가 타락하게 되었고, 이를 구원하기 위해 제2의 아담인 초림주 예수님이 강림했지만 실패했으며, 이후 제3의 아담인 문선명이 재림주로 왔다는 내용이다. 문선명이 왕이 되는 지상천국이 동방인 한국에 세워진다는 것이 『원리강론』의 결론이며, 통일교는 이 일의 실현을 지상목표로 삼고 활동하고 있다.

『기독교근본원리』의 내용을 거의 그대로 벤치마킹한 『원리강론』은 인류의 타락이 성적 타락임을 주장한다. "인간을 꼬여 타락하게 한 뱀이 바로 천사였으며, 이 천사가 범죄하여 타락됨으로써 「사탄」이 되었다.… 「해와」가 선악과를 따먹었다고 하는 것은 그가 「사탄」(천사)를 중심한 사랑에 의하여 서로 혈연관계를 맺었다는 것을 뜻하는 것이다.… 불륜한 성적 관계에 의하여 천사장과 일체를 이루었던 「해와」는… 「아담」으로 하여금 창조본연의 위치를 떠나게 하여, 마침내 그들은 육적인 불륜한 성적 관계를 맺게 되었던 것이다.… 「아담」마저 타락하였기 때문에, 「사탄」의 혈통을 계승한 인류가 오늘날까지 번식하여 내려온 것이다."(문선명, 『원리강론』, 80-91) 김백문의 성적 타락론이 문선명에게서 그대로 이어지고 있는 것을 볼 수 있다. 다만 김백문과는 달리, 자신이 이러한 죄의 문제를 해결하기 위해 동방인 한국에 나타난 구세주라고 문선명은 교리를 업그레이드한다.

한편 최근에 공개된 다큐멘터리 "나는 신이다"를 계기로 세간의 주목을 받고 있는 JMS 교주 정명석은, 통일교 승공연합에서 반공강사로 활동하던 중, 그가 재림주로 믿고 따르던 문선명을 '실패한 세례요한'이라고 폄하하며 새로운 재림주로 등장했다. 정명석은 1974년 11월 15일에 통일교에 입교해 교리를 익히고, 1979년까지 반공강사 등으로 적극적으로 활동하다가 탈퇴한 후, 1982년 애천교회를 세우고 독자적인 활동을 시작했다. 정명석은 자신의 사명을 깨달은 곳이 1975년 6월 8일에 개최된 통일교 세계구국대성회에서였다고 기록하는 등 통일교와의 연관성을 공개적으로 드러내고 있다.(정명석, 『선생님의 생애와 사상』, 166-167)

김백문과 문선명의 성적 타락론은 정명석의 『30개론』에서 동일하게 반복된다. 정명석은 "뱀은 타락한 천사"이며 "천사장 루시퍼가 하와를 간음하여 타락케 했던 것"(『30개론 강의안』, 195-196)이라고 주장하면서, "하와는 십대 때 하나님의 말씀으로 성장도 않고 하나님의 말씀을 불순종해 뱀으로 비유한 천사장 루시퍼에게 사랑의 꼬임을 받고서 호기심에 사랑의 충동감을 참지 못하고 하나님과의 사랑을 끊고 그와 사랑의 관계를 맺어 이성의 타락을 함으로 영, 육으로 타락을 하게 된 것이다. 뿐만 아니라 하와는 그 타락한 몸을 가지고 아담을 사랑함으로 또 아담을 타락하게 했다."(정명석, 『구원의 말씀』, 207-209)고 주장한다. 정명석이 성범죄 혐의로 구속된 후 진행된 항소심 재판의 판결문(2009. 2. 10, 2008노2199)은 정명석의 교리에 대해 "통일교 원리를 요약·인용한 것"이라고 적시했다. 결국 성적 타락을 회복하기 위해 정명석이 재림주로 왔으며, 그와의 성적 관계는 윤리적 문제

——————— Fiction

가 아니라 인류 회복을 위한 영적 행위라고 합리화한 종교범죄라고 법원은 판단한 것이다.

이렇게 김백문의 『기독교근본원리』와 문선명의 『원리강론』의 주장은 정명석의 『30개론』에 등장하며, 이러한 교리적 유사성은 그들의 사제(師弟)적 관계를 통해 영향을 받은 것임을 보여준다. 김백문, 문선명, 정명석으로 이어지는 유사한 성적 타락론의 흐름은 오늘도 계속 진행 중이며, 이단 교주들의 성적 범죄를 합리화하는 도구로 악용되고 있다.

원저자 김백문과 표절자 문선명과 정명석의 희비(喜悲)

김백문의 삶과 활동은 그다지 알려진 바가 없는데 아이러니하게도 『기독교근본원리』 내용 대부분을 도용해 『원리강론』을 만든 문선명의 행적에 대해 기록한 통일교 측 자료에 부분적으로 드러나 있다.

문선명의 생애를 기록한 마이클 브린에 따르면, 1930년대 후반부터 김백문은 한국이 오늘날의 이스라엘이고 이곳에 재림주가 올 것이라고 주장했으며, 문선명은 1945년 말 35세의 김백문이 이끌던 서울 상도동 모임에 참여했다고 한다. 처음에는 남자 2명과 여자 10명이 참여했고, 2년 뒤에는 3년 과정의 신학교육도 시작했으며, 50여 명의 다양한 배경의 신도들이 합류했는데, 이

때 문선명이 모임에 참여했고, 김백문의 정식 제자가 되었다는 것이다. (Michael Breen, *Sun Myung Moon : The Early Years*, 1920-53, 67-68)

김백문은 6·25전쟁으로 인해 부산으로 피난했다가, 전쟁이 끝난 후 다시 서울로 돌아와 서울 성북구 정릉 3동 산 1번지 기독교 청수교회(淸水敎會)를 세우고 활동한다. 탁명환은 김백문이 "청수교회라고 하는 초교파적인 교단을 갖고 있으나 건강이 좋지 못해 외부인과의 관계를 일체 단절하고 있는 형편"(탁명환, 『기독교이단연구』, 110)이라고 그의 근황을 전했다.

김백문은 1990년 12월 20일에 사망했다. 그의 사후인 1994년부터 1999년까지의 교세에 대해 최중현은 "구성원의 수효는 10명 미만이었고, 미성년자들까지 넣어 셈하더라도 20명 선에는 분명히 미치지 못하고 있었다."라고 현장조사를 통해 밝혔다. (최중현, 『한국 메시아운동사 연구』, 140)

탁명환은, 일제하에서 태동한 대표적인 신비주의 이단인 문선명의 스승이 바로 김백문이며, 이후 등장한 성적 타락론 계열의 이단 단체들은 그로부터 시작된 교리의 영향을 받았음을 지적했다. 나아가 통일교의 영향을 받은 JMS 정명석의 교리와 활동에 대해서도 동일한 관점을 가지고 경계하며 주목했다.

민경배는, 김백문이 문선명과 박태선에게 미친 영향에 대해, "통일교회와 박태선 전도관의 원초적(原初的) 연결을 시사하는 것만은 사실인 것 같다. 이스라엘수도원의 김백문(金白文)의 『성신신학』과의 관련은 표면상의 문맥 이상으로 보아도 좋을 것 같다."라며 그 상호연관성을 분석한다. (민경배, 『韓國基督敎會史』, 472)

김백문은 성경을 왜곡된 시선으로 체계화해 한국 기독교 이단 교리의 한 흐름을 형성하는 데 결정적인 역할을 했다. 하지만 자신이 치밀하게 체계화한 교리의 창의성과 파급력에도 불구하고, 김백문 자신의 삶과 활동은 널리 확산되거나 가시화되지 못한 채 역사의 뒤안길로 사라졌다. 오히려 김백문의 교리를 도용한 문선명과 정명석의 교세와 영향력이 훨씬 더 성공적이었다. 무엇보다 안타까운 점은, 오늘날 거침없이 성범죄를 저지르는 이단사이비 교주들의 주장과 행태 속에, 김백문의 성적 타락론이 깊이 스며들어 스멀스멀 퍼지고 있는 현실이다.

3. 전도관의 『오묘』

이긴자 감람나무의 출현으로 피의 복음이 전파된 지도 어언 17개 성상이 지났습니다. 마가의 다락방에 모인 120명 문도(門徒, 신도를 이르는 말)와도 같이 구 제단에서 불과 80명으로 시작된 이 역사는 오늘날 100만을 넘게 되었읍니다. 각 방면으로 놀라운 발전을 거듭하고 있는데 비해 대내적으로는 백만 성도에 말씀의 양식이 되고 대외적으로는 전무후무한 마지막 역사를 효율적으로 전파해야 할 문서 활동 면에는 상금도 미개척 지대라 해도 과언은 아니겠읍이다. 금번 4배가 운동에 즈음하여 먼저 참 생명의 말씀을 알아야 하겠기에 부족하나마 여러분들의 성원 덕분으로 전에 공판으로 발행했던 것을 증보하고 그간 신학원에서 강의 중인 원고를 정리한 신약개론과 전도하는데 도움이 될까하여 비판적 교파의 유래를 한데 엮어 단행본으로 내놓게 되었읍니다. (천부교, 『오묘(奧妙)』)

『오묘(奧妙)』는 전도관(한국예수교전도관부흥협회, 현 천부교)에서 발간한 "성경 연구 교재"로 전도관의 교리가 일목요연하게 기술되어 있다. 6·25전쟁 직후 박태선(朴泰善, 1917-1990)에 의해 설립된 전도관은 문선명의 통일교와 함께 한국 기독교 이단의 대표적인 뿌리로 알려져 있다. 박태선의 교리와 활동은 이후 다수의 기독교계 신흥종교운동에 영향을 미쳤다. 코로나19의 확산과 함께 사회적 논란의 중심에 섰던 이만희의 신천지예수교증거장막성전도 대표적인 박태선 계열이다.

나는 하나님이다

한국예수교전도관부흥협회는 1955년 박태선에 의해 설립됐다. 박태선은 스스로를 "이긴자", "감람나무", "동방의 의인", "영적 모세", "영적 이스라엘", "영모님", "주의 종", "말세의 의인", "시대의 사자", "피와 불의 사자" 등으로 신격화했다.

박태선은 1917년 11월 22일 평안남도 덕천군 덕천면 읍남리 148번지에서 출생했다. 호적에는 본적이 경상남도 양산군 기장읍 죽성리 770번지로 기록되어 있다. 어려서 부모를 잃고 신앙생활을 시작했으며, 일본으로 건너가 공업학교를 졸업한 후 사업을 했다. 귀국 후에는 남대문교회 집사로 있던 중, 이성봉 목사의 부흥회를 통해 영향을 받고, 이후 열성적인 신앙생활과 전도 활동을 시작한다. 1955년 창동교회 장

전도관의 『오묘』

로였던 박태선은 1월 1일부터 7일까지 서울, 대구, 부산 등 전국을 돌며 부흥회를 인도한다.

하지만 1955년 3월 26일부터 4월 5일까지의 남산 천막집회로 인해 논란이 일자, 7월 1일 한국교회와 결별하고 독자적인 한국예수교전도관부흥협회를 조직한다. 한국기독교교회협의회는 박태선의 활동이 사이비 종교운동이라는 성명을 발표했고, 이듬해인 1956년 2월 15일 대한예수교장로회 경기노회는 박태선을 이단으로 규정했다.

1980년대에 이르러 박태선에 대한 신격화는 노골적으로 진행된다. 박태선은, 예수는 마귀 대장의 아들이고, 성경의 98%가 거짓말이고, 예수가 한 번밖에 못 한 금식기도를 자신은 13번이나 했으며, 죄인 마리아에게서 태어난 예수는 99% 죄 덩어리이고 음란마귀의 아들이라고 공개적으로 비난한다. 그는 신약성경을 부인하고, 자신의 말이 곧 성경이며, 자신의 나이가 5,798세인 새하나님이라고 선언했다. 그러다 1985년 이후에는 자신의 나이가 1조 5,000억 세라고 주장하면서, 공식명칭도 천부교회(天父敎會)로 변경하고, 십자가를 철거하고 대신 올리브 가지와 비둘기 상징으로 대체한다.

박태선은 이사야 41장 2절의 "동방의 의인"이 자신이고, 41장 9절의 "땅 끝"과 "땅 모퉁이" 그리고 25절의 "해 돋는 곳"은 한국이며, 1절에서 "섬들아 내 앞에 잠잠하라"고 했으니 일본을 의미하는 것은 아니고, "북방에서 오게 하며"를 북한에서 남한으로 자

Fiction

신이 내려온 것을 말한다며 성경을 자의적으로 해석했다. 또한 스가랴 4장 11절과 요한계시록 11장 4절의 "감람나무"가 자신이며, 또한 요한계시록 2장 17절과 26절에 기록된 "이기는 자"의 사명과 권세가 자신에게 주어졌다고 주장했다. 한국교회와의 갈등 속에서 세력을 확장하며, 자신의 영생불사를 주장하던 박태선은 1990년 2월 7일 사망했다.

『오묘』(奧妙)

전도관 제9중앙전도관청년천성회가 1970년 12월 15일에 발간한 『오묘』(奧妙)는 "성경 연구 교재"라는 부제를 가지고 있다. 당시 12개의 중앙 전도관 중 하나인 제9중앙전도관장 유도순이 집필한 이 책은 전도관의 정형화된 형태의 경전으로 보기에는 부족함이 있지만, 그 내용은 전도관의 핵심적인 주장을 일목요연하게 다루고 있어 전도관의 대표적인 교리서라고 판단하기에는 부족함이 없다.

200쪽 분량의 『오묘』는 크게 세 부분으로 나뉘어 있다. 첫 번째 부분에서는 전도관의 창조론, 타락론, 구원론, 말세론, 재림론, 심판론, 부활론, 성신론의 8개 영역을 정리했다, 두 번째 부분에서는 신약성경에 대한 해석을 시도했다. 세 번째 부분에서는 다양한 교파들(로마가톨릭, 그리스정교회, 장로교, 감리교, 침례교,

성결교, 구세군, 나사렛교회, 그리스도교회〈Disciples of Christ〉, 여호와의 증인, 오순절교회, 제칠일안식일예수재림교회, 기독교대한복음교회, 루터교, 무교회주의)의 유래와 교의에 대해 설명하고 있다. 그리고 부록으로 소사 제1신앙촌, 덕소 제2신앙촌, 기장 제3신앙촌 및 12개소 중앙 전도관과 22개소 지관의 위치와 연락처 등을 포함하고 있다.

『오묘』의 모든 내용은 "이긴자" 박태선 출현의 당위성과 신격화에 초점이 맞춰져 있으며, 성경을 자의적으로 해석하고, 필요한 내용들을 취사선택하여 임의적으로 연결함으로써, 비성경적인 전도관의 교리를 체계화하고 있다.

창조론 - 박태선에게 넘겨진 예수의 권세

『오묘』의 "창조론"은, 이긴자 박태선이 모든 권세를 지닌 재림주로 나타난 이유를 설명하고 있다. "창조론"은 씨앗 이야기로 시작한다.

하나님은 태초에 세 개의 씨앗을 가지고 있었고, 이 중 두 씨앗, 즉 아담과 하와를 세상에 보내 좋은 열매를 맺기 원하셨다. 그리고 하나님이 간직한 나머지 1개의 씨앗이 바로 하나님의 비밀이며, 이것은 두 개의 씨앗이 실패할 경우를 대비해 남겨둔, 구원을 완수하기 위한 독생자 예수 그리스도라는 것이다.

Fiction

반면 마귀에게는 세 가지 비밀이 있었는데, 바로 "물질로 시험", "교만으로 하나님을 시험", "명예욕과 우상숭배"였다. 두 개의 씨앗, 즉 아담과 하와는 "부러울 것 없는 에덴"에서 첫 번째 시험에 넘어가 실패했지만, 예수는 40일 금식 후 빈 들에서 세 가지 시험을 모두 이겼다고 해석한다. 다행히 아벨의 순교를 통해, 잃어버린 두 개의 씨앗 중에 한 개를 회복했는데, 이 씨앗이 에녹에게 임했다고 한다. 이 씨앗은 에녹을 거쳐 엘리야에게, 그리고 엘리야도 뜻을 이루지 못하고 승천하자 다시 세례요한에게 씨앗이 임했지만, 세례요한의 실족으로 인해 하나님의 계획이 실패했다는 것이다.

'세례요한의 실족'이란, 세례요한이 옥에 갇혀있을 때 제자들을 예수께 보내 "오실 그이가 당신이오니이까 우리가 다른 이를 기다리오리이까"(마 11 : 2-3)라고 묻게 한 것이었다고 해석한다. 그렇기에 예수는 "누구든지 나로 말미암아 실족하지 아니하는 자는 복이 있도다 하시니라"(마 11 : 6)라고 세례요한의 실족에 대해 나무라며 말씀하셨다는 것이다.

세례요한이 실족하지 않았다면 하나님의 뜻이 성취되었을 텐데, 그의 실족으로 인해 예언은 성취되지 않았고, 그 후 2,000년이나 지연되었다는 것이다. 만약 세례요한이 승리했더라면 예수가 십자가를 지실 필요도 없었는데, 세례요한의 실패로 인해, 예수는 십자가에 죽으시고, 갔다가 다시 오시지 않으면 안 되었다는 것이다.

이로 인해, 예수가 재림하기 전, 만약 이긴자가 나타나면 예수가 가졌던 권세를 그에게 맡기도록 되어 있었다고 주장한다. 즉 원래는 "만국을 다스려 질그릇 같이 쳐 부실 권세"를 예수가 맡으셨는데, 세례요한의 실족과 예수의 죽음으로 인해, 조건이 변경된 까닭에 이 권세는 이긴자에게 맡겨지게 되었고, "그 권세를 맡을 씨가 하늘에는 없는고로 야곱 중에서(지렁이 같은 야곱 즉 죄인 중에서) 씨를 찾으셨던 것이다"라며, 예수의 권세가 이긴자, 곧 박태선에게 맡겨졌음을 주장하고 있다.

구원론, 박태선은 감람나무, 이긴자, 동방의 의인

『오묘』의 주인공이자 결론은 박태선이다. 『오묘』의 "구원론"에 따르면, 먼저 "동방"인 한국에서 등장한 박태선이 곧 "이긴자"라고 주장한다. 이긴자는 곧 동방의 의인인데, 이사야 41장의 내용을 근거로 동방이 한국임을 주장한다. 유대에서 볼 때, 땅끝과 땅 모퉁이가 아닌 이란, 이라크, 파키스탄, 아프가니스탄, 소련, 중국 등은 동방이 아니고(사 41 : 9), "섬들아 내 앞에 잠잠하라"(사 41 : 1)고 했으니 일본도 아니라는 것이다. 감람나무, 이긴자, 동방의 의인은 동일한 인물이며, 그가 바로 즉 박태선인 것을 『오묘』는 보여준다.

전도관의 핵심교리가 잘 정리되어 있는 〈한국예수교전도관신조〉에 나타난 "감람나무의 정의"에 따르면, "감람나무는 승리하신 주의 보혈의 三중거(불과 물과 피)자로서 감로와 같은 진액이 나리고 양심이 백합화와 같이 피어 그리스도의 향기를 발하며 죄악을 소멸하는 주의 보혈의 권능으로 인생을 재창조할 수 있는 능력의 흰 돌과 권세를 주께서 받은 승리자로서 식물성으로 화한 동방 의인(一인)을 말한다."라고 정의하면서, "이긴자(감람나무)가 주께서 맡은 권능과 받을 축복"에 대해 아래와 같이 나열한다.

1. 이기는 자는 하나님의 낙원에 있는 생명나무의 과일로 주어먹게 함(묵二. 七)
2. 이기는 자는 감추었던 만나를 주고 또 흰 돌을 줄 터인데 그 돌 우에 새 이름을 쓴 것이 있나니 오직 받는 자밖에는 알 사람이 없나니라(묵二. 一七)
3. 이기는 자는 둘째 사망의 해를 받지 아니하리라(묵二. 十一)
4. 이기는 자는 만국을 다스리는 권세와 철장을 받음(묵二. 二六-二九)
5. 이기는 자는 흰옷을 입을 것이요(묵三. 五)
6. 이기는 자는 하나님 성전의 기둥이 됨(묵三. 十二)
7. 이기는 자는 주의 보좌에 같이 앉게 하여 줌(묵三. 二十一)

『오묘』의 핵심은, 박태선이 곧 "감람나무"이고 "이긴자"이며 "동방의 의인"이라는 것이다. 『오묘』는 아래의 도표를 통해 "감람나무, 이긴자, 동방의인은 별개인이 아니고 [상호 연결된] 동일

인물임을 알 수 있다."라고 결론짓는다.

	감람나무	이긴자	동방의인
명칭	기름 짜는 나무, 곧 성신 받아 이긴자	이긴자 이스라엘	너 이스라엘 나의 택한 야곱이니, 곧 이긴자이다
주를 모신 자	온 세상의 주를 모시고 산 자	보좌에 함께 앉은 자	의로 불러 그 앞에 서게 한 자
구속 받음	넘치도록 기름 부음을 받은 자	불, 물, 피의 3증거를 받은 자	네 구속자는 이스라엘의 거룩한 자니 주의 피로 속량함 받은 자
사명과 권세	큰 산도 평지가 됨	만국을 쳐서 질그릇 깨듯 함	산을 쳐서 부스러기를 만듦
은혜를 부어줌	금 같은 기름, 곧 성신을 부어주는 자	감추었던 만나, 곧 주님의 보혈을 먹여 주는 자	은혜를 부어주어 알곡과 쭉정이를 가름

한편 예수가 동방의인이 아닌 이유에 대해, "동방의인은 본래가 '지렁이 같은 너 야곱아' 하고(사 41:8) 부르신 대로 땅에 속하였던 죄인"이기 때문이며, 또한 예수님이 이긴자가 아닌 이유에 대해서, "본래는 이 사명을 주님이 맡아가지고 오셨지만 조건이 변하여 주님이 십자가에 달려 피 흘리심으로 그 보혈 권세를 이긴자에게 맡겨 이루시게 된 것"이라고 주장한다. 흥미롭게도 소위 "이긴자"에 대한 교리는 신천지 교리에서 매우 흡사하게 반복되고 있다. 이는 이만희의 신천지가 전도관의 직계 아류임을 보

여주는 근거라고 할 수 있다.

말세론, 감람나무의 출현으로 임한 말세

전도관이 주장하는 말세의 주인은 박태선이다. 『오묘』의 "말세론"에는 "말세가 되므로 감람나무가 나타나는 것이 아니라, 감람나무가 나타나므로 말세가 됨"이라고 주장하면서, 요한계시록 2 : 26, 이사야 41 : 15, 마태복음 3 : 10~12을 근거로, "이긴자 감람나무 나타나 보혈의 철장으로 원수 마귀를 발등 상 만들며 알곡과 쭉정이를 갈라 주 맞을 수를 채우게 될 때 말세가 됨"이라고 하면서, 박태선이 말세의 시작이고 주관자임을 나타낸다.

여기에서는 말세를 두 종류로 나눈다. 부정적인 예로 "아담 해와의 때", "노아의 때", "롯의 때"를 "말세의 악조건"이라고 설명하면서, 이때는 14만 4천인만이 "살아 주를 맞아 천년성에 들어가고"라고 말한다. 반면 "말세의 호조건"으로 "니느웨성의 경우"를 들면서, 이때는 "14만 4천인 외에 헤일 수 없는 무리가 구원을 받음"이라고 주장한다.

박태선은 실제로 말세의 피난처이자 한국예수교전도관부흥협회의 거점인 신앙촌을 건설한다. 1957년 9월 1일 신앙촌 건설을 선언한 그는 신앙촌이 말세의 심판을 피할 수 있는 피난처이기에 신앙촌에 들어와야 구원을 얻을 수 있다고 주장했다. 신앙촌을 중심으로 한 박태선의 배타적 구원 주장은 점점 발전한다. 그러다 1957년 10월 23일에는 "기성교회는 마귀의 전당으로 구원이 없으며, 전도관에만 구원이 있다."고 주장하기까지 이른다.

박태선은 1957년 경기도 부천시 소사에 15만 평 규모의 제1신앙촌과 1962년 덕소에 5만 평 규모의 제2신앙촌을 조성했다. 그리고 1970년 부산 기장에 제3신앙촌을 세워 현재까지 거점으로 활용되고 있다. 박태선에게 신앙촌은 요한계시록 21장에서 말하는 지상천국 "새 예루살렘"이었다.

박태선을 정점으로 한 전도관 조직은, 덕소 신앙촌에 본부를 두고, 각 도(道) 지역마다 도관(道館)과 도관장(道館長)을 두고, 산하에 시찰과 시찰장, 그리고 전도와 목회를 담당하는 지관(支館) 전도사를 두었다. (부산 기장에 제3신앙촌이 설립된 후에는 본부를 이전했다.) 목사제도는 없었으며, 전도사, 장로, 집사, 권사를 두었다. 또한 한국예수교전도관부흥협회 회장 박태선 아래, 천부장, 백부장, 오십부장을 두었다. 이뿐만 아니라 신앙촌 내에서 화폐를 자체적으로 제작해 사용하는 등 독자적인 생활 공동체 시설을 갖추고 있었다.

하지만 1967년 12월 200여 명으로 구성된 '신앙촌정화대책위원회'가 만들어졌다. 이들은 "신앙촌을 해부한다"라는 전단지를 만들어 배포했으며, 박태선의 측근 교체와 사생활 감시기구인 천부장, 백부장, 오십부장 제도의 철폐, 시온학원재단의 원상복구, 신앙촌 주택 개인 명의 전환 등을 요구했다. 이후 1983년 2월에는 전국의 전도관 관장 60명이 '한국예수교전도관정화대책위원회'를 구성해 반발하는 등 내부적인 혼란도 끊이지 않았으며, 결국 1980년대 중반 이후부터는 교세가 급격히 감소했다. 최근에는 어린이 포교 등을 시도하며 재기를 노리고 있다.

한국교회의 일그러진 초상

전도관은 반사회적 사건들로 인해 사회에 노출되었다. 1959년 3월 박태선은 사기, 위증, 상해 등의 혐의로 1심에서 징역 2년 6월, 같은 해 12월에 열린 2심에서 징역 1년 6월을 선고받았다. 이듬해인 1960년 12월 10일에는 박태선의 집회 중에 나타난 성화(聖火)가 조작됐다는 언론 보도에 불만을 품은 신도들이 「동아일보」에 난입해 사무실, 인쇄기, 차량 등을 파손했고, 이 과정에서 경찰들이 부상을 입었다. 이로 인해 신도들 702명이 입건되고, 이들 중 182명이 소요 및 특수건조물침입 혐의로 구속되어 실형을 선고받았다.

1970년 이후에도 범죄적 사건들이 지속적으로 발생한다. 질병을 치료하는 과정에서 일어난 사망 사건, 과실치사, 폭행치사, 폭행, 세금포탈 관련 사건들이 연속적으로 일어났으며, 특히 1975년에는 박태선의 장남 박동명의 연예인 스캔들과 불법 외화 유출 사건이 발생해 실형을 받는 등 박태선과 전도관의 부정적 이미지가 사회적으로 확산되었다. 이 밖에도 질병 치료와 축복을 위한 안수, 안찰, 생명수 등의 부적절하고 비과학적인 행태로 인한 부작용과 논란들이 다수 야기되었다.

탁명환은, "박태선 신앙촌의 해프닝은 박씨 자신만의 문제"가 아니라 "부패하고 타락한 우리 기성교회의 책임"이며, "박씨가 막 출발할 당시 수많은 목회자들이 그 앞에 가서 머리를 숙이고 안수를 받았고, 그를 합리화시켜 주었다. 그러나 그가 이단임이 드러난 뒤 슬그머니 자기만 물러난 채 양떼들을 고스란히 적지에 남겨두고 자신들만 돌아섰다."라고 평가하고, 피해자들의 아픔에 주목하는 한편, 재발 방지를 위한 노력의 필요성을 강조했다. [탁명환, "박태선 교주의 알파와 오메가," 「현대종교」 (1990. 3), 107.]

박태선은 한국 이단의 뿌리로 일컬어진다. 신천지(이만희)를 비롯해, 전도관의 영향을 받은 영생교(조희성), 새마을전도회(구인회), 장막성전(유재열), 실로등대중앙교회(김풍일), 동방교(노광공), 한국중앙교회(김순린), 한국기독교에덴성회(이영수) 등 다수의 단체에 영향을 주었다.

박태선이 이끌던 전도관의 어두운 그림자는 아직도 교회와 사회 곳곳에 드리워 있다. 전도관에서 1957년부터 10여 년간 학습한 이만희는 전도관의 교리를 벤치마킹하고 업그레이드한 신천지를 만들어, '위장'과 '거짓말'로 교회와 사회에 분란과 분열을 야기하고 있다.

4. 동방교의 『경화록』

신흥종교문제연구소장 탁명환씨는… '살인지령 동방교 그 정체'란 제목의 강연을 통해 동방교의 비행을 폭로, 사백여 명의 참석자들을 놀라게 했다. 탁씨는 이날 강연에서 동방교가 기독교대한개혁장로회란 이름으로 살인, 린치, 감금, 재산탈취 등을 지금까지 모두 11건이나 저질렀고, 이 중에서 겨우 두 가지만이 사회문제화 된 공산당보다도 무서운 단체라고 주장했다. 현재도 가출한 학생들이 1천여 명이나 되며 이들이 껌을 팔아 모은 돈이 30억 가량이 된다고 말한 탁씨는 지난 3월 24일 뒤늦게 동방교의 사교성(邪敎性)을 파헤치는 자기에게 5백만 원의 살인지령을 내렸다고 그 경위를 설명했다. ("동방교(東方敎)는 비밀범죄집단"「동아일보」, 1974. 4. 25.)

필사본으로 전해져 내려오는 『경화록』(慶和錄)은 동방교의 비밀 경전이다. 탁명환은 1960~1970년대에 사회적 물의를 가장 많이 일으킨 단체로 동방교를 지목했다. 동방교는 1969년 10월 8일에 발생한 일가족 음독자살 사건의 원인 제공자로 알려지면서 사회적 비난의 대상이 되었다. 동방교에 심취한 아내와 네 명의 자녀가, 독약을 먹어도 죽지 않을 것이라는 동방교 간부의 설교를 믿고 독약을 먹은 후, 동방교 활동을 반대하던 남편이 보는 앞에서 사망한 사건이었다. 이후 동방교의 폐해를 폭로하던 탁명환에 대해 500만 원을 걸고 청부살인까지 지시하는 등 범죄 집단의 면모를 여과 없이 노출했다.

태어나자마자, 말하고 걸었다는 교주 노광공

신도들이 필사하여 지니고 다녔던 동방교의 비밀 경전 『경화록』은 교주 노광공(盧光公, 1914-1967)에 대한 신격화된 일대기를 담고 있다. 공식적인 출생 기록에 따르면, 교주 노광공은 1911년 1월 13일 평안남도 평원군 순안면 포정리에서 출생한 것으로 나온다. 하지만 동

동방교의 『경화록』 필사본

방교 "설교문"(說敎文)에 따르면, 1914년 갑인년 1월 13일 평양 상수리 일번지에서 태어났다고 기록되어 있다. 여러 기록에 나오는 노광공의 출생연도에는 차이가 있다. 경력도 다양하다. 일제 강점기에는 고등계 형사로서 친일행적이 있고, 해방 후에는 경북 안동에서 교사와 교장으로 근무했다. 6·25전쟁 후에는 전도관 집회에서 북을 치며 박태선을 추종하다가, 1955년 대구 신천

동에 동방교회를 설립했다.

노광공에 대한 신격화는 거침없다. 본관이 경기도 파주군 교하면 교하리 교하(交河) 노(盧)씨인 노광공에 대한 숭배지침이 적힌 "노가계 삼대지침"(盧家系 三大指針), "우리들은 노가계의 자손으로서 가운을 영원히 창성케 하자. 우리들은 어떠한 난관과 불만에도 노가계의 명예를 훼손시키지 말자. 우리들은 낙원에서 천국에 들어갈 때까지 하나님과 교하 노씨에게 순교로서 영광만을 돌리자. 아멘. 할렐루야."라는 내용을 신도들로 하여금 반복적으로 암송하게 했다.

『경화록』에 따르면, 노광공은 태어난 지 3시간 만에 "내가 세상에 조금 일찍 와서 고생하겠구나."라고 말을 했으며, 7시간 만에 "혼자 일어서서 보행"을 했다고 한다. 또한 태어났을 때 이미 치아가 있었고, 3세 때 시조(時調)와 음율(音律)을 읊었고, 6세 때에는 천자문을 20일 만에 통독 암송했고, 학교에서는 계속 1등을 놓치지 않았으며, 7세 때는 콜레라로 죽었다가 모친의 기도로 살아났다고 한다. 하지만 노광공은 1967년 7월 26일 당뇨병으로 사망했으며, 경기도 부천시 소래면 대야리 71번지에 묻혔다.

노광공이 사망한 후 그의 둘째 아들인 노영구가 동방교를 이끌었는데, 탁명환은 노광공을 동방교의 교조(敎祖)로, 노영구를 교주(敎主)로 판단했다. 노영구는 1940년 1월 19일 평안북도 평원군 선안면 포정리에서 태어났으며, "하나님"과 "성신님"이라고 불렸다. 노영구는 노광공이 사망하기 전, 측근들과 부친에 반기를 들고 동방교를 탈퇴한 후, 동방교의 후신인 기독교대한개혁장로회 총회를 이끌었으나, 1970년대 이후부터 행방이 묘연하다.

탁명환에 따르면, 독일을 중심으로 동방교가 재건을 시도하며 국내 잠입을 시도하고 있다고 했는데, 이를 입증이라도 하듯이 최근 동방교 잔존 세력 및 아류 단체들의 활동에 대한 제보가 간헐적으로 들어오고 있으며, 온라인상에서도 이들의 움직임이 포착되고 있다.

신격화된 노광공의 일대기를 담은 『경화록』

동방교의 모든 교리와 행동지침은 노광공에 대한 신격화에 초점이 맞춰져 있다. 동방교는, 예수는 일래(一來)이고, "심판주요 창조주"인 노광공은 "여호와 이래(二來)"라고 주장했다. 또한 노광공과 그의 두 아들 노영도와 노영구, 세 사람을 삼위일체로 믿었다. 노광공은 성부이고, 노영도는 성자이며, 노영구는 성신이라고 주장하면서, 노광공을 "이래 조부님", 노영도를 "아바 조부님", 노영구를 "아브니엘 조부님"이라고 불렀다.

동방교는 경전인 『경화록』을 가지고 있었으며, 신도들에 대한 착취를 합리화하기 위한 수단으로 성서를 악용하면서, "하나님 우리 아버지"(고후 1 : 2)와 "하늘에서 내려온 자"(요 3 : 13)가 노광공이라고 주장했다. 『경화록』은 이스라엘을 한국으로, 예수를 노광공으로 대치한 것과 다르지 않으며, 노광공이 일으켰다는 신비한 이적들이 내용의 대부분을 차지하고 있다.

『경화록』은 필사본의 형태로 남아 있다. 「현대종교」 아카이브가 소장 중인 『경화록』 원본은 대학노트(가로 19cm, 세로 27cm) 크기에 총 96쪽 분량이다. 표지 상단에는 "慶和錄"이라는 한자 제목과 함께, 노트 소유자인 신도의 이름이 하단에 적혀 있다.

『경화록』은 장과 절로 일목요연하게 구분되어 있지는 않지만, 교주 노광공의 출생으로부터 일어난 신비한 사건들(1-25쪽), 국내 50개 지역에서 집회를 할 때 일어난 일들(25-70쪽), 24건의 치병과 이적들(70-96쪽) 등 크게 세 부분으로 나누어져 있다.

먼저, 가족사로부터 시작하는 첫 부분을 보면, 노광공의 부친인 군청(君淸)은 안창호, 김구, 조만식, 이광수, 이승만 등을 비롯한 각계각층의 인재들을 제자로 양성했고, 평양의 오산, 숭실, 광성, 숭의 등의 기독교 학교들의 실질적인 설립자였으며, 그의 지도로 3·1운동 민족대표 33인이 뭉칠 수 있었다고 주장한다. 한마디로 다재다능한 불세출의 영웅으로 그려지고 있다.

또한 그의 아들로 태어난 노광공은 태어나자마자 머리카락이 검게 났고, 치아가 아래위로 3개씩 있었고, 전혀 울지도 않았고, 3시간 만에 말을 했고, 7시간 만에 걸었으며, 탯줄은 7주 후에 떨어졌다고 한다. 또한 이웃들이 출생을 축하하며, 미역과 우족 4개와 쌀을 선물했는데, 이를 곧 유황과 몰약과 황금이라고 해석하고 있다.

황당한 내용은 여기서 멈추지 않는다. 노광공은 5세 때 일본 경찰들이 가지고 있는 애국자 명단을 빼앗기 위해 경찰서에 불을 지르고 그 명단을 탈취했고, 귀신을 쫓았으며, 학교에서는 1등을 놓친 적이 한 번도 없었다고 한다. 7세 때는 대동강 다리에서 뛰어내려 떠내려가면서 수영을 익힌 후에 귀가했으며, 11세부터 입산 기도를 시작했고, 15세에는 목사도 어찌할 바를 모르는 사탄을 쫓아냈으며, 일본 게이오대학에서 수학할 때는 야구, 등산, 요트 등에서도 천재적 재능을 발휘했을 뿐만 아니라, 일본 황족을 비롯한 많은 저명한 예술인들이 사귀려고 접근했다고 주장한다.

27세에 황해도 곡산 군수가 되어 해방을 위해 애썼고, 해방 전에는 만주, 중국, 몽고 등을 방문해 지도자를 만나 조국 광복 계획을 수립하던 중 해방을 맞았으며, 해방 후에는 이승만과 김구를 도와 정치를 했다고 한다. 6·25전쟁 때는, 이승만이 노광공에게 위기 타개를 위한 도움을 요청해서, 헌병 중령의 신분으로 일선에서 전투를 지휘했으며, 흥남에서의 선박을 이용한 철수도 자신이 지휘했다고 주장한다. 이로 인해 이승만이 선물을 들고 노광공을 방문해 눈물을 흘리며 위로했다고 적혀져 있다.

이후 미군정 고문관으로 근무했는데, 그에게 온갖 청탁을 하던 부패한 정치인들에게 환멸을 느끼고 정처 없이 걷던 중, 뚝섬에서 굶어 죽은 어린아이를 우연히 발견한 후 충격을 받아, 대구에서 산기도를 시작했다고 한다. 이때 그를 유혹하던 절세미녀를 단호히 뿌리치고, 표범의 공격을 맨주먹으로 물리쳤으며, 구렁이에게 3시간 12분 동안 몸이 감겨 있다가 풀려나는 등의 신비 체험을 하던 중 주님을 만났다고 한다.

> 위에서 은은한 소리로 "우러러 보라" 하는 명령이 내리고 주님이 영광 중에 나타났다. 찬란한 광채가 나며 몸에 십자가 구속의 피가 나고 흰수염(짧다)이 있는 주님이 친히 나타나서 위로하시며 백의(白衣)의 광채로 천사장(가브리엘과 미가엘) 이하 천천만만(天天萬萬) 천사를 동반하시고 오셔서 위로하시고 지시를 내리고 이 땅의 6000년을 끝내고 7000년에 들어가는 7가지의 땅의 종결을 짓는 대사명을 내렸는데 침묵으로 조심성 있게 받으셨다. 그때 몸의 변화를 일으켜 털이 없어지며 어린이의 피부와 같이 되셨다.

『경화록』의 두 번째 부분은, 노광공이 전국 각지를 돌며 행한 집회에서 나타난 이적들에 관한 기록이다. 전국을 다니며 한 번에 3일 혹은 5일 정도 집회를 인도했는데, 1954년 봄 대구를 시작으로 국내 50개 지역의 집회 내용을 적고 있다. 내용 대부분은, 집회마다 수천 명이 운집했고, 온갖 질병과 장애를 고치고, 귀신을 내쫓고, 비를 내리고 멈추게 하는 등 노광공이 행했다는 신비한 이적과 능력에 관한 이야기들로 채워져 있다.

1954년 봄 대구 집회에 5,000명이 모였는데, 집회 중에 노광공의 "얼굴이 주님으로 변화하심을 육안으로 보는 자가 많았으며 '주여 주여' 하고 아우성"을 쳤으며, 1954년 가을 청도 집회에서, 노광공에게 대항하던 귀신 들린 자가 "하늘의 높으신 어른이시여 나를 몇 날만 더 있게 하소서."라고 애원했지만, 노광공이 꾸짖으며 "이마에 중지(中指)를 대시고 물리치니 그는 그만 시체로 화(化)해 넘어지고 말았다."고 적혀 있다. 하지만 이내 사망한 그를 노광공이 다시 살렸다고 한다. 1956년 2월 초순에는 나병에 걸린 육군 대위가 신병을 비관해 자살하려고 했으나, 용문산에서 기도하던 중, "노광공 선생을 따라야 사느니라"는 글자가 환상 속에서 하늘에 적혀 있는 것을 보고, 노광공을 만나 병을 고쳤다고 한다.

치병과 축귀는 물론이고, 심지어 죽은 자도 살렸다고 『경화록』은 주장한다. 8만 명이 운집한 서울 집회에서 죽은 자를 살렸고, 1955년 1월 9-16일 부산 범일동에서 열린 집회에서도 죽은 사람을 살렸다고 기록하고 있다.

4일째 되는 날 여인의 시체가 들어와 장내가 소란하였다. 그때 많은 사람들이 조부(祖父)님 얼굴만 바라볼 뿐이었다. 조부님께서는 조금도 주저하시지 않고 즉시 남향하여 기도하시고 손을 대시니 곧 의식이 회복되며 피가 순환하기 시작하여 크게 영광을 돌리었다.

마지막으로 『경화록』의 세 번째 부분은 24건의 이적에 관한 내용을 담고 있다. 1957년 7월 12일 자 기록에는 노광공이 물 위

———— Fiction

를 걸어 작은 배에 타고 있던 제자들에게 다가가는 권능을 보였으며, 폭풍이 일자 거센 물결과 바람을 잠재웠다고 한다. 각지에서 난치병, 불치병, 귀신 들린 자들을 셀 수 없이 고쳤고, 죽은 자를 살리는 등의 온갖 기적을 일으켰다는 내용으로 가득 차 있다.

『경화록』은 노광공 스스로도 심각한 병에 걸리기도 했지만 늘 기적적으로 회복되었다고 말한다. 1957년 7월 12일 오전에 기록한 "일차(一次) 십자가"라는 내용에는, 죽음의 문턱에서 살아 돌아온 후, "십자가 지시기 전 조부님과 후는 달라지셨으며 성품 모습까지 달라지시며 그 시(時)로부터 좁은 길로 좁은 길로 깊이 깊이 우리들을 이끌고 들어가시기 시작하셨다. 십자가 지시기 전에는 노 목사라 하셨지만 후는 이래(二來)조부님으로 변화하시여 역사하시기 시작하셨다."라는 등 노광공이 생로병사와 생사화복을 주관하는 신적 존재임을 『경화록』 곳곳에서 보여준다.

『경화록』에 등장하는 노광공은 복음서에 나타난 예수의 모습 그대로 묘사되어 있다. 예수의 생애와 이적들을 그대로 가져온 후, 예수의 자리를 노광공으로 대치한 것으로 보인다. 『경화록』은 성서의 복음서를 벤치마킹하고 업그레이드해서 그들이 구세주로 믿는 노광공의 일대기와 이적을 기록한, 동방교의 자체 제작 복음서인 것이다.

시한부 종말론을 앞세운 범죄 조직

동방교는 모임 장소를 "천국에 들어가는 대기자들이 기다리는 곳"이라고 하여 "대기처"라고도 불렀다. 노광공의 사망 직전인 1966년 당시 전국에는 13개의 대기처(가출한 신도들이 집단적으로 머무는 곳)와 14개의 교회(신도들의 정기적인 모임 장소)가 있었고, 신도 수는 1,300명에 달했다. 그리고 1973년 문화공보부의 재단법인 인가 취소 직전에는 신도 수가 2,500명에 이르렀다. 신도들은 대부분 어린 남녀 학생들로 구성되어 있었고 이들은 동방교에 입교한 후 교주로부터 새로운 이름을 부여받았다. 이후 동방교 조직은 노출을 피해 해외로 도피하는 등 사회의 사각지대에 머물렀다.

노광공이 사망한 후, 동방교는 기독교대한개혁장로회 총회로 변신하고 공개적인 활동을 시작한다. 「청해」라는 월간지를 발간하고, 청림농림학원(靑林農林學院), 고등성경통신학교, 기독교통신대학, 성봉신학교(聖奉神學校)를 운영했다. 재단법인 밀알복음전도선교회를 운영했으나 끊임없는 반사회적 범죄 혐의로 인해 1976년 7월 13일 대법원에 의해 인가 취소가 확정되었다.

동방교의 범죄 행위가 사회와 교회의 혼란을 초래하자, 1973년 3개 기독교 연합기관장, 19개 주요 교단장, 11개 신학대학장, 13명의 교계 인사들이 대통령에게 탄원서를 제출하고 동방교가 "교주의 여학생 신도의 간음 사건을 비롯하여 가짜 장례식, 간부

Fiction

목사 김관수의 의문의 죽음, 다섯 처녀 간음 사건, 1,600만 원 허위 도난신고 사건, 영등포 일가족 음독자살 사건, 「주간기독교」 사장 등 간부의 기관원 사칭 사기 사건" 등의 범죄를 저질렀다고 고발했다.

동방교는 스스로를 기독교라고 주장했지만, 신도들은 "동방교가 사회문제가 될 때마다 갖가지 협박과 매를 맞아가며 당국에 나가 허위 증언"을 해야 했고, 동방교의 실체를 폭로했던 이들은 죽음을 당했으며, "기독교란 간판을 걸고서도 제사를 지내고 무당을 데려다 굿을 하는 모습"을 보였다.

대통령에게 제출된 탄원서에는, 기독교대한개혁장로교의 전신은 사교 집단인 동방교이고, 1969년 10월 8일에 발생한 일가족 집단자살의 원인을 제공했고, "어린 남녀학생들과 부녀자들만을 골라서 신도로 포섭 가출시켜 소위 연단선님이라는 이름으로 껌 팔이 등 행상을 시켜 금품을 갈취하고 있으며 청소년 선도에 막대한 해독을 끼치고" 또한 "신도들로부터 세상 종말이 임박했다고 허위 선전하여 최하 100만 원에서 최고 3,000여만 원까지 재산을 사취하여 현재 수십억의 막대한 재산을 치부"하고 있으며, "어린 청소년 학생들로 하여금 학업을 중단케 하고 가출시켰으며, 농장에 집단 수용시켜 강제 노역을 시키고 있으며 병역을 기피시키고" 있다고 내용이 적시되어 있다.

1970년 동방교는 시한부종말론을 주장했으나 실패하자, 신도들의 정성이 부족해서 연기되었다고 변명했다. 동방교는 구원의 조건으로 "지성금"(至誠金)을 내세워 착취했는데, 신도들을 "성민"(聖民)이라고 부르면서, 성민이 되기 위해서 지성금을 바쳐야 한다고 강요했다. 지성금의 종류는 30여 종에 이르렀는데, 61계급의 단계를 올라갈 때마다, 그리고 각종 절기마다 온갖 종류의 지성금을 바쳐야 했다.[5]

휴거와 새천지를 꿈꾸던 동방교

동방교는 동방, 즉 한국에서 재림주가 나타났으며, 그가 바로 노광공이라고 주장했다. 그들의 경전 『경화록』은 노광공의 허무맹랑한 행적을 담고 있으며, 동방교는 이를 기반으로 노광공이 세상을 심판할 것이고, 세상이 불바다가 될 때 동방교 신도들만이 휴거될 것이며, 이후 새천지에서 살게 될 것이라는, 전형적인 한국 기독교 이단들의 주장을 반복했다.

동방교의 소위 3대 지침은 "첫째, 희생적 정신으로 이 나라 이 민족을 구원하자. 둘째, 난관과 불만은 인내로서 이기자. 셋째, 사랑과 자비로서 전심을 일으키자."였지만, 이와는 무관하게 "기독교와는 하등의 관계없이 기독교의 탈을 쓴 사교집단"이었다.[6]

탁명환은, "철저히 지능적인 사기꾼이던 노광공에 의해 가산

---

5) 탁명환, 『기독교이단연구』(국제종교문제연구소, 1993), 320.
6) 동방교 피해자들이 대통령에게 보내는 탄원서 (1972.12).

을 탕진당하고 가정이 파괴되고 학업을 중단당하고 정조를 유린당한 수많은 피해자는 한 맺힌 원한을 풀지 못하고 응어리를 품은 채 살아가고 있다."라고 안타까워하면서, "1950년대 교조 노광공의 부산 여학생 간음 사건을 비롯하여 1960년대에 접어들어 간음, 린치, 폭력, 살인 등 갖가지 사건으로 사회를 떠들썩하게 했던 동방교는 1967년 7월 13일 그 재단법인이 대법원으로부터 취소 확정판결을 받기까지 실로 가공할 사교로서의 범죄행각"을 벌였다고 평가하고, "동방교는 기독교가 아니다. 또 기독교대한개혁장로회로 변신한 동방교는 기독교 간판으로 위장한 사이비 종교집단"이라고 결론짓는다.[7]

오늘날 신천지가 있다면, 반세기 전에는 동방교가 있었다. 대표적인 반기독교 이단 단체 중 하나로 알려진 동방교는 사회적 논란과 함께 지하로 잠적한 듯했지만, 해외로 도주하거나 국내에 숨어있던 잔존 세력들이 최근 온·오프라인 상에서 스멀스멀 조직을 재건해 운영하면서 재기를 노리고 있다.

---

7) Ibid., 297, 325, 그리고 탁명환, 『한국의 신흥종교』 제2권, (국제종교문제연구소, 1980), 41, 62.

5. 신천지의 『천국비밀 계시록의 진상』

이 책은 하늘에서 온 책(계10)을 받아먹고 필자가 걸어 다니는 성경이 되어 보고 들은 것을 기록한 책으로서 아직 전파되지 않은 것이요 듣지도 보지도 못한 새 일이요 천국비밀이다. 새 일 곧 알지 못한 은비한 일을 보이노니 이 일들은 이제 창조된 것이요 옛 것이 아니라 오늘 이전에는 누구도 보지 못한 것들이다.(사48 : 6) 이 책은 성경이 예언(豫言)과 실상(實狀)을 육하원칙에 의해 설명한 인류 역사상 제일의 책이요 만국을 다스릴 철장이다. 천국에 소망을 둔 성도라면 누구나 한 번은 꼭 읽고 깨달아야 할 영원한 복음이다. (이만희, 『천국 비밀 계시록의 진상』)[8]

코로나19 발생 초기, 신천지는 지역감염 확산의 원인 제공자로 지목되면서 국내외 언론에 집중적으로 노출되었다. 1984년

---

8) 이 글의 작성을 위해, 1988년 초판 발간된 『천국비밀 계시록의 진상』(이만희 저)을 사용했다. 이후 1998년 개정된 『천국비밀 啓示 : 요한계시록의 예언과 성취된 실상』(증인 이만희 보혜사 저)과 2005년 재개정된 『천국비밀 요한계시록의 실상 : 요한계시록의 예언과 성취』(보혜사 이만희 저)도 참조했다. 1988년 발간된 초판 『천국비밀 계시록의 진상』과는 달리, 『천국비밀 啓示 : 요한계시록의 예언과 성취된 실상』(1998)에는 신천지 핵심 교리가 적힌 "부록"이 빠져있다. 대신 "창세기 1장 천지 6일 창조와 안식"이라는 항목이 추가되었으나, 『천국비밀 요한계시록의 실상 : 요한계시록의 예언과 성취』(2005)에는 다시 제외되었다. 초판 "부록"에 담겼던 신천지의 핵심 교리들은 자취를 감추었지만, 저자 이만희에 대한 신격화는 오히려 "증인 이만희 보혜사"(1998) 및 "보혜사 이만희"(2005)로 한층 노골화되었다.

Fiction

3월 14일에 공식적으로 설립되었으며, 2000년대로 접어들면서 거짓말과 위장을 기본으로 하는 모략포교 전략을 본격화하면서 급속한 세력 확장과 동시에 한국교회에 심각한 문제를 야기해 왔다. 정체를 감추고 교회 안으로 위장 잠입해 포교하는 신천지는, "가만히 들어온 거짓 형제들"(갈 2 : 4)의 모습으로 교회 안팎의 불신과 분열을 조장해오고 있다.

거짓말

신천지의 대표적인 이미지는 거짓말이다. 소위 모략포교를 시도하는 신천지 신도들은, 거짓말을 교리적으로 합리화한 채 포교를 진행한다. 양심의 가책도 느끼지 않는다. 성경을 자의적으로 해석해, 하나님을 '모략의 신'(사 11 : 2)으로 묘사한 후, 모략을 '거짓말'이라고 오역(誤譯)해 교리적으로 합리화한 후, 신도에게 거짓말을 교사(敎唆)한다.

하지만 히브리어로 모략(עֵצָה/예차)의 본래 의미는 '충고' 또는 '조언'이다. 게다가 신천지가 악용하는 요한계시록에 따르면, 신천지가 주장하는 14만 4천은 "그 입에 거짓말이 없고 흠이 없는

이만희의 『천국비밀 계시록의 진상』

자들"(계 14 : 5)이며, "거짓말하는 자는 결코 그리로[거룩한 성 예루살렘] 들어가지"(계 21 : 10, 27) 못한다고 결과에 대해 경고하고 있다.

신천지는 기독교 이단인 동시에 사이비종교의 성격을 그대로 보여준다. 기독교는 사도 바울의 고백처럼, "복음을 부끄러워하지"(롬 1 : 16) 않으며, 언제 어디서나 "담대하게 거침없이"(행 28 : 31) 자신을 드러내며 복음을 선포하지만, 신천지는 자신의 정체를 감추고 거짓말로 포교하는 전형적인 이단의 행태를 보여준다. 그뿐만 아니라, 대한민국 헌법(제20조 제2항)에 명시된 종교 선택의 자유에 반(反)하여, 거짓말로 접근해 신천지에 참여하도록 강권한다는 점에서, 신천지는 다종교 한국 사회에서 공존하기 어려운 사이비종교로 분류될 수 있다.

표절

이만희는, 박태선의 전도관과 유재열의 장막성전에서 직접적인 영향을 받았으며, 이로 인해 전도관과 장막성전의 교리와 조직체계의 유사성이 농후하게 드러난다.

이만희는 1931년 경상북도 청도군 풍각면 현리에서 태어났다. 신천지 홈페이지의 "신앙적 약력"에 따르면, 17세인 1948년 "서울 침례교 외국 선교사에게 믿음 없이 침례"를 받았고, 1957년에 "고향 땅 야외에서 성령으로부터 환상과 이적과 계시에 따라 전도관에 입교"했으며, 1967년에는 "성령의 계시에 이끌려 경기도 과천시 소재 장막성전에 입교"했다고 밝히고 있다. 실제로 한국 이단의 뿌리들인 박태선의 전도관과 유재열의 장막성전을 벤치마킹하고 업그레이드한 버전이 이만희의 신천지인 것을 그 교리와 조직체계를 통해 알 수 있다.

이만희의 신격화에도 전도관과 장막성전의 짙은 흔적이 나타난다. 박태선처럼, 이만희는 스스로를 말세의 "이긴자", "보혜사", "약속하신 대언자", "약속의 목자"라고 주장한다. 2017년 1월 5일 개최된 신천기 34년 총회에서 이만희는 "예수님의 새 이름으로 오신 보혜사 우리 이긴자 총회장님께서는 하나님의 약속대로 보내심을 받은 참 목자"라고 소개된다. 2006년 이만희의 생일을 맞아 개최된 축구대회 자료에는 이만희가 "만유의 대주재"이며 "영광의 본체이시나 낮아짐으로 섬김의 본을 보이신 총회장님"이라고 나타나 있으며, 신천지 부산야고보지파의 새찬송가는 "하늘 아래 구원자가 여럿이라지만 나에게는 오직 이긴자이신 이만희 님이라오…. 이긴자는 나에게 주요 그리스도시오 살아계신 하나님의 아들이시니"라고 신격화되어 있다.

신천지의 핵심 교리서인 『천국비밀 계시록의 진상』의 주인공은 이만희이다. 이 책에서 이만희는, "이기는 자는 하나님의 아들이 되고 신천지와 영생을 유업으로 받으니 곧 상속자가 된다."(『천국비밀 계시록의 진상』, 430)며, 영생불사의 "이기는 자"가 바로 자신이라고 일관되게 주장한다.

희망 고문

전도관과 장막성전을 탈퇴한 이만희는, 요한계시록의 모든 사건을 보고 들었다고 주장하는 한편, 유재열을 "배도한 세례요한"이라고 폄하하면서 신천지를 설립한다.

이만희가 저술한 신천지의 핵심 교리서 『천국비밀 계시록의 진상』을 간략히 요약하면, "비유 비사로 기록된 영적 말씀"(『천국비밀 계시록의 진상』, 512)인 성경은 이미 일어난 "교훈"과 앞으로 일어날 "예언"으로 이루어져 있고, 예언은 "배도", "멸망", "구원"의 세 가지 일들로 구분되어 있으며, 구원의 일은 "선민이 멸망 받을 때 피해 나온 자"와 "인 맞은 14만 4천"과 "수많은 사람"(흰 무리)의 세 단계로 진행되는데, 오늘날의 신천지 신도가 바로 "14만 4천"이라는 내용이다.(『천국비밀 계시록의 진상』, 512-513)

하지만 2020년 초 신천지가 질병관리본부에 제출한 명단에 나타난 신천지 교세는 총 31만 732명으로 나타나 있다. 이는 신천지 신도들 가운데서도 14만 4천에 속하기 위한 경쟁이 불가피한 것을 보여주고 있다. 하지만 신천지는 여전히 누가 14만 4천에 속했는지 알려주지 않는다. 신도들은 14만 4천에 속하기 위해서, 소위 "인 맞음 시험"도 치러야 했고, 헌금이란 이름으로 돈

Fiction

을 바치고, 헌신이란 이름으로 노동력을 제공하면서, 오지 않을 14만 4천의 날을 기약 없이 기다리고 있다. 즉, 무한경쟁과 희망고문의 시기로 접어든 것이다.

『천국비밀 계시록의 진상』

위에서 언급한 신천지의 '거짓말'과 '표절'과 '희망 고문'의 교리적 근거가 이만희의 『천국비밀 계시록의 진상』이다. 이 책은 도서출판 신천지(1985년 5월 15일 등록, 경기도 안양시 관양동 1506-27 소재)에 의해 1988년 5월 31일 초판이 발간되었다.

신국판(152x225) 총 545쪽으로, 내용은 요한계시록 22장에 대한 해석과 부록 7장으로 구성되어 있다. "요한계시록"에 대한 설명으로 시작해, "마태복음 제24장 말세 예언 : 예수재림과 징조"라는 내용으로 마무리된다. 이 책은 크게 두 부분으로 구성되어 있는데, 먼저, 본문(17-510)에서 요한계시록에 대한 임의적 해석을 요한계시록 장별로 시도한다. 이어지는 부록(511-540)에서는 "성경론", "창조론", "언약론", "배도론", "멸망론", "구원론", "부활론" 등의 핵심적인 신천지 교리가 드러나고 있다.

첫째, "배도론"에서는, 배도는 "말씀에서 떠난 것"과 "참 길을 가다가 돌아선 것을 말하는 것"이며, "언약한 자가 그 언약을 지키지 아니하는 것"을 "배도요, 배도자"로 정의하면서, 아담과 하와, 아론, 세례요한이 성경에 나타난 배도자이며, "일곱 교회 사자들이 주를 떠나 우상을 섬기며 우상의 제물을 먹게 되는 배도의 일"을 오늘날의 배도라고 설명한다.(『천국비밀 계시록의 진상』, 525) 이는 장막성전의 유재열이 배도자라는 주장으로 이어진다.

둘째, "멸망론"에서는, 아담이 "뱀에게 멸망을 받고 에덴동산에서 쫓겨난 것"처럼, 멸망은 "망하여 없어지는 것"이며, 처음에는 선민이 대적에게 멸망을 받지만, 결국은 대적이 "백마 탄 자에게 심판을 받아 멸망"당한다고 주장한다. 즉 장막성전을 개혁한 이들이 멸망자이고, 이들에 맞서 신천지를 설립한 이만희가 심판의 구원자라는 것이다. (『천국비밀 계시록의 진상』, 528)

셋째, "구원론"에서는, "죽음의 입장에서 다시 삶을 얻는 것"이 구원이며, 각 시대별로 노아, 모세, 예수님과 같은 구원자들이 있었는데, 이들은 "배도로 멸망 받은 후에 그들을 구원하기 위해서 오시는 분"이고, 예수님께 보냄을 받은 사자(使者)이며, "책을 받아먹은 자요, 지팡이를 받은 자요, 천국 비밀과 지옥 비밀을 설명 받은 자요, 만민에게 증거하라는 명령을 받은 오늘날의 사도 요한"인데, 그가 곧 이만희라는 것이다. 한편, "구원이 시작되고 나타나는 장소는 배도의 자리요, 멸망의 자리인 그곳에서부터 구원이 시작"된다고 결론짓는데(『천국비밀 계시록의 진상』, 529-533), 신천지의 공식 명칭인 "신천지 예수교 증거장막성전"에 유재열의 "증거장막성전"이 들어있는 이유가 여기에 있다.

이만희는 『천국비밀 계시록의 진상』에 나오는 소위 "배·멸·

구" 즉 배도, 멸망, 구원의 교리를 통해, 구원자로서의 자신의 존재를 부각하는 데 여념이 없다. 신천지의 모체인 장막성전의 유재열과 장막성전의 개혁자들을 각각 배도자와 멸망자로 자의적으로 해석한 후, 이만희의 등장과 역할을 구원자로 합리화한다. 전임자에 대한 부정(否定)과 폄하(貶下)를 통해 새로운 교주로 등장한다는 이단 역사의 반복적인 패턴을 예외 없이 보여준다.

결론적으로, 『천국비밀 계시록의 진상』은 '이만희에 의한', '이만희를 위한' 침소봉대(針小棒大)의 결정체인 것이다. 이만희는 맺는 말에서, "오늘날까지 어느 누구도 알지 못한 은비한 일을 듣고 본 계시를 말한 것이요, 오늘 이전에는 가히 듣지도 보지도 못한 것들을 드러낸 것"이라며 그의 표절과 도용을 애써 감추고 있지만, 그의 주장은, 박태선과 유재열의 주장에서도 고스란히 드러날 뿐만 아니라, 심지어 『남사고비결』이라는 정체불명의 위서(僞書)에서 핵심적인 용어들까지 그대로 도용한 것을 보여준다.

『남사고비결』

조선 중기 인물인 격암(格庵) 남사고(南師古)가 기록했다고 알려진 『남사고비결(南師古秘訣)』(혹은, 『격암유록(格庵遺錄)』)에서는 "불로불사(不老不死)", "사말생초(死末生初)", "신천지(新天地)" 등의 주요한 신천지의 핵심 주장들이 발견된다. 필체, 표현, 내용 등에 대한 분석을 통해 위서(僞書)로 판단된 『남사고비결』은, 전도관의 박태선을 비롯해 수많은 한국 기독교계 신흥종교 및 이단 교주들이 애용해 온 책으로, 이만희가 쓴 『천국비밀 계시록의 진상』(539-540)에도 일부 내용이 그대로 인용·게재되어 있다.

1. 옛것을 보내고 새것을 맞이하는 좋은 시절 모든 피조물이 고대하는 새로운 하늘의 운세. 2. 새로운 세계가 오면 항상 봄철과 같고 늙지 않고 죽지 않는 사람이 늘 청춘이라. 3. 하나님이 보낸 성인의 말씀(반석의 샘물) 한모금 한모금 이어 마시면 영원히 죽지 않는 생수. 4. 하나님께서 선지자들에게 말씀하신 예언서인 성경 말씀을 세상 사람들이 마음을 닫고 영영 생각조차 아니한다. 5. 모든 종교가 구태의연하게 신앙을 하며 각자 자기 종교에 골몰하여 문장은 있어도 말씀이 없어 쓸모가 없다. 6. 서양의 운세가 동방으로 오고 구세주(진인)가 진사 양년에 바른 도의 말씀을 가지고 오신다. 7. 택함을 받은 자의 양식(火·雨·露=불·비·이슬) 하늘의 양식인 이 말씀(성경)을 먹는 자는 영생한다. 8. 세상 사람들이 어찌 하늘의 오묘한 말씀을 알 수 있으리 그러나 지혜가 있는 자는 깨달아 배부르고 무지한 자는 배고프다. 9. 하늘의 도를 전하는 곳 신천지(무릉도원) 이곳에 거하는 자는 근심 걱정 염려가 없다. 10. 역사 이래 처음 있는 가장 즐거운 말씀 죽음이 끝나고 영생이 시작되는 새하늘 새땅 신천지.

Fiction

신천지는 최근까지도 이 내용을 포교와 교육에 사용하고 있다. 이만희는 "이 예언이 응한 것을 신천지 증거장막성전에서 증거하고 있다."(『천국비밀 계시록의 진상』, 540)고 주장한다.

『천국비밀 계시록의 진상』은, "역사 이래 처음 있는 가장 즐거운 말씀"이 아니라, 표절과 거짓말과 짜깁기의 집합체인 것이다. 이 책의 서문에서 이만희는 "이 책은 성경 외에 다른 책을 보거나 도용한 책이 아니며, 또 이 책은 사람에게 들은 것도 본 것도 배운 것도 아니다."(『천국비밀 계시록의 진상』, 5)라며, 제 발이 저린 듯 표절과 도용을 부인하고 있다. 탁명환은 다음 같이 『천국비밀 계시록의 진상』에 대해 평가한다.

> 유재열에 대해 신랄하게 비판을 가하고 요한계시록을 완전히 아전인수격으로 엉뚱하게 해석하고 있다. 노골적으로 장막성전이라고 기록하지 않고 있으나 장막성전에 대해 아는 사람은 이만희의 저서가 누구를 겨냥하여 쓴 것인가를 알 수 있다. 이만희는 유재열 일파에 의해 많은 시련을 겪었기 때문에 이에 대한 복수의 일념으로 계시록을 인용하여 그럴싸하게 합리화하고 있으며 장막성전이 기성교회와 결탁하여 타락을 했으니 새로운 사명은 바로 자기네들이 받은 양 묘사하고 있다. … 신학적인 훈련이나 소양이 전혀 없는 무지몽매한 자들이 성경을 빙자하여 자신들을 합리화시키는 이 계시록의 진상이야말로 비성서적인 것이라고 할 수 있다. (탁명환, 『기독교이단연구』, 358)

청지기교육원

많은 신천지 탈퇴자나 연구자들은 소위 '청지기교육원'의 실체에 대해 궁금해한다. 필자의 선친 탁명환 소장의 요청으로 동생 탁성환 목사가 설립했다고 하는 신천지의 주장으로 인해, 국내외에서 문의가 이따금 들어오고 있다.

얼마 전 미국에서 신천지 외국인 탈퇴자가 보낸 이메일을 한 통 받았다. 선친 탁명환 소장이 정말 전두환 전 대통령의 요청을 받고, 동생 탁성환 목사와 함께 설립한 청지기교육원이 장막성전을 멸망시켰다는 신천지의 주장이 사실이냐고 질문했다. 너무나 뜬금없는 질문이라고만 생각했는데, 얼마 전 신천지 유관 언론기관의 대표이사인 이 모씨가 제작한 "동방의 빛(熙) : 요한계시록 실화"라는 유튜브 동영상을 보면서 그 질문의 배경을 이해할 수 있었다.

탁명환 소장이 전두환 전 대통령으로부터 이단 척결을 요청받았고, 이를 위해 동생 탁성환 목사를 통해 청지기교육원을 설립한 사건이 "전국에 있는 목회자들을 교육하고 양성하는 종교적 실권을 잡게 되는 순간"이라는 어처구니없는 내용을 상당히 진지하게 주장하고 있었다. 이런 거짓말이 통하고 있고, 신천지 신도들이 이를 사실로 믿고 있다는 황망한 현실에, 탄식 외에는 달리 표현할 방법을 찾지 못했다.

탁성환 목사가 참여한 청지기교육원이 실재하기는 했지만,

———— Fiction

이만희가 주장하는 것처럼, 군사정권의 전폭적인 지원을 받는 '어마무시'한 멸망자들의 조직은 아니었다. 청지기교육원은 교회 성장, 목회 성공, 신앙생활의 길잡이 역할을 목적으로 활동했던 '작고 평범한' 모임이었을 뿐이다.

게다가 탁성환 목사 가족의 증언에 따르면, 청지기교육원은, 신천지가 설립된 1984년 3월 14일 이후에도 수년 동안 지속했는데, 신천지의 주장을 있는 그대로 받아들인다면, 이만희는 소위 멸망자들을 이기지도 못한 채, 신천지를 창립한 것이 된다. 장막성전에 대한 복수를 꿈꾸던 이만희는, 자신과 신천지의 등장을 합리화하기 위한 소설을 쓰면서, 아무것도 아닌(nothing) 청지기교육원을 뭔가 대단한(something) 악당으로 만들어 놓은 것이 이 블랙코미디의 '진상'이다.

거짓 천지, 신천지

신천지총회선교부가 2003년 발간한 『기독교계에 알리는 반증문』이라는 책에서, 필자 가족을 황당한 거짓말로 왜곡하고 비난하는 것을 보면서, 신천지는 정말 '악(惡)하다'고 생각했다.

이 책에서 신천지는, 우리 가족이 호화로운 저택에서 살고 있고, 선친은 운전기사가 있는 차량을 소유하고 있다고 사진까지 게재했다.(신천지총회선교부, 『기독교계에 알리는 반증문』, 78) 하지만 필자가 중학생이 될 때까지 우리 가족은 서울 변두리 방 한 칸 혹은 두 칸짜리 월세와 전세를 다섯 식구가 전전했었고, 그러다가 겨우 전세 둘을 끼고 처음으로 허름한 단독주택을 마련했는데, 신천지에 의해 이 집은 호화로운 주택으로 거짓 묘사되고 있었다.

게다가 당시 선친은 노후한 포니 왜건 차량을 타고 있었는데, 운전기사를 둔다는 것은 어불성설이었다. 날씨가 추워지면 시동이 걸리지 않아, 시동이 걸릴 때까지 어머니와 함께 뒤에서 차를 밀었던 일이 비일비재했다. 우리 다섯 식구에게 많은 애틋한 추억이 담긴 이 허름한 차량을, 기사가 딸린 고급 승용차로 선전해 준 신천지 거짓말의 끝이 어딘지 도무지 알 수 없었다.

신천지 거짓말의 하이라이트는, 1987년에 이전한 신천지의 세 번째 거점인 안양 오성갈비 건물 앞에서, "대적자"이자 "멸망자"라고 맹비난하던 탁명환 소장이 취재를 오자, 함께 다정한 모습으로 사진을 찍은 이만희의 이율배반적인 모습이다.

6. 예수그리스도후기성도교회의 『몰몬경』

몰몬경은 성경과 같은 하나의 경전이다. 이 경전에는 미대륙에 살았던 고대 주민들에게 하나님께서 행하신 일이 기록되어 있으며, 성경과 마찬가지로 충만하고 영원한 복음이 실려 있다…. 몰몬경에 기록된 가장 중대한 사건은 주 예수 그리스도께서 부활하시고 나서 바로 니파이인들에게 친히 성역을 베푸신 일이다. (예수그리스도후기성도교회, 『몰몬경』)

『몰몬경』의 탄생지를 찾아서

『몰몬경』의 탄생지인 미국 뉴욕주 팔미라(Palmyra)를 2001년 4월과 7월 두 차례 방문했다. 미대륙에 살던 고대인들의 역사, 그리고 부활 후 이들을 방문한 예수 그리스도의 이야기가 기록되었다는 『몰몬경』의 이야기가 이곳에서 시작된다.

예수그리스도후기성도교회(The Church of Jesus Christ of Latter-day Saints, 이하 몰몬교회)의 핵심 경전인 『몰몬경』이 처음 인쇄되고 판매된 곳(Book of Mormon

몰몬교의 『몰몬경』

Historic Publication Site)이 그대로 보존되어 있고, 금판에 고대어로 기록된 『몰몬경』을 번역하기 위해 요셉 스미스(Joseph Smith, 1805-1844)와 친구들이 사용했다는 책걸상과 『몰몬경』 초판본 발간을 위해 사용한 인쇄기 등 『몰몬경』의 탄생과 관련된 자료와 물품들이 전시된 박물관이 있었다. 방문객들에게는 당시 인쇄기로 제작한 『몰몬경』 초판 샘플을 기념품으로 나누어주었다.

팔미라에는 천사의 계시를 받은 요셉 스미스가 고대어 금판을 발견했다는 커머라 언덕(Hill Cumorah)도 있다. 언덕 입구에는 『몰몬경』의 발견과 내용에 대한 다음과 같은 정보를 제공하는 안내판이 있었다.

서기 421년, 미대륙에 존재했던 위대한 문명의 마지막 생존자인 모로나이(Moroni)가 기원전 600년부터 기원후 420년까지의 일을 기록한 금판을 이 언덕에 묻었고, 하나님의 명령에 따라 천사로 변모한 모로나이가 다시 이곳을 찾아와 요셉 스미스에게 금판을 전달했다. 이것이 성경의 동반자인 『몰몬경』이다. 『몰몬경』은 예수 그리스도가 고대 미대륙 원주민들을 방문했던 이야기를 기록하고 있다.

인근에는 1823년 9월 21일 천사 모로나이가 수차례 방문했다는 스미스 가족의 통나무집이 복원되어 있었는데, 스미스는 모로나이로부터 금판이 감춰진 장소를 이곳 이층 침실에서 전달받

Fiction

았다고 한다. 『값진 진주』는 다음과 같이 기록한다.

> 나는 밭을 떠나 천사가 금판이 묻혀 있는 곳이라고 내게 일러주신 곳으로 갔으며 시현을 통하여 분명히 보았던지라 내가 그 자리에 이르자 곧 그 곳이 바로 판이 묻힌 곳임을 알았습니다. 뉴욕주 온타리오군 만체스터 마을 근처, 그 근방에서 가장 높은 언덕이 하나 있었으며 그 언덕 꼭대기에서 서쪽으로 그리 멀지 않은 곳 바위 밑에 금판이 돌상자 속에 담겨 묻혀 있었습니다. 이 돌은 두껍고 중앙 부분으로 올수록 두껍고 가장자리로 갈수록 얇게 되어 있어서 그 중앙은 땅위로 드러나 있지만 둘레는 모두 흙에 묻혀 있었습니다.
> (요셉스미스2서 50b-51, 『값진 진주(Pearl of Great Price)』)

요셉 스미스는 금판을 번역해 1830년 3월 『몰몬경』을 출판한다. 누군가에게는 『몰몬경』이 꾸며낸 이야기(story)에 지나지 않지만, 『몰몬경』이 탄생한 역사적 장소와 공간을 기념하는 몰몬교인들에게는 생생한 역사(history)로 남아있다.

몰몬교회의 설립자 요셉 스미스

『몰몬경』을 발견하고 번역·제작·배포한 몰몬교회의 설립자 요셉 스미스(Joseph Smith)는 1805년 12월 23일 미국 버몬트주 샤론(Sharon)에서 태어났다. 그가 11세가 되던 1816년, 그의 가족은 팔미라로 이사했는데, 제2차 대각성운동의 "불타오르는 지역(Burned-over District)"이라고 불리던 이곳에서 스미스는 부흥 운동의 열기를 목격한다.

스미스의 가족은 2년 뒤 인근 맨체스터로 이사를 하게 되는데, 이곳에서 스미스는 교파주의의 부작용을 경험한다. 당시의 교파 간의 경쟁과 갈등에 대해 스미스는, "혹자는 '여기를 보라'고 외치는가 하면 또 다른 사람은 '저기를 보라'고 외치며 어떤 사람들은 감리교회의 교리를 지지하였고, 또 다른 사람은 장로교회, 또 다른 사람은 침례교회의 교리를 지지하면서 논쟁을 했습니다."라고 설명하면서(요셉스미스2서 5b, 『값진 진주(Pearl of Great Price)』), "이러한 대혼란기에 있어서 나의 마음은 진지한 반성과 커다란 불안감에 사로잡혔었습니다"(요셉스미스2서 8a)라고 심정을 피력한다.

교파 간 경쟁과 갈등 상황은 스미스를 점점 혼란스럽게 만들었다. 그는 결국 "마침내 나는 암흑과 혼돈 속에 머무르든가 야고보가 가르치는 대로 하나님께 간구하든가의 두 가지 중 하나를 택하지 않으면 안 되겠다는 결론에 도달"(요셉스미스2서 13a, 『값진 진주(Pearl of Great Price)』)했고, 어느 교파에 소속되어야 할지를 고민하던 중, 환상 가운데 성부와 성자를 만나게 된다. 그리고 이들로부터 모든 교파들은 잘못되었으니 그 어느 교파에도 가입하지 말라는 계시를 받게 된다.

———— Fiction

스미스는 계속되는 환상을 통해, 1827년 9월 22일 고대 미대륙에서 벌어졌던 사건들이 기록됐다는 금판을 발견했고, 이를 번역해 1830년 3월 『몰몬경』을 출간한다. 그리고 마침내 1830년 4월 6일 뉴욕주 페이엇(Fayette)에서 측근 6명과 함께 몰몬교회를 공식적으로 조직한다. 그후 1831년에는 오하이오주와 미주리주로 그의 교회를 확장해 나아갔고, 1840년에는 일리노이주 노부(Nauvoo)에 몰몬교회의 주요 거점을 마련한다.

하지만, 몰몬교인들이 다수였던 노부에서, 일부다처제 교리를 주장하고 실행하던 스미스는 심각한 곤경에 처하게 된다. 즉 노부시의 시장이며, 대통령 후보로 출마할 정도로 정치적 영향력을 행사하던 스미스가, 일부다처제를 비판한 지역 신문사인 Expositor를 파괴하라는 명령을 내린 것이다. 이로 인해 1844년 6월 12일에 그의 동생 하이럼(Hyrum Smith, 1800-1844) 등과 함께 체포되어 수감되었고, 감옥을 습격한 일부다처제 반대자들에 의해서 1844년 6월 27일 살해당한다.

『몰몬경』

몰몬교회는 성경과 함께, 『몰몬경』, 『교리와 성약』, 『값진 진주』 등의 책자들을 경전으로 받아들이고 있다.

『교리와 성약』은, 1823년 9월부터 1847년 1월까지 요셉 스미스 및 그의 후계자들이 받은 138편의 계시로 구성되어 있으며, "공식선언문 1(Official Declaration 1)"(1890)과 "공식선언문 2(Official Declaration 2)"(1978)가 포함되어 있다. "공식선언문 1"은 일부다처제와 관련된 내용으로, 1890년 당시 몰몬교회의 대관장이었던 우드럽(Wilford Woodruff, 1807-1898)은, "우리는 일부다처주의 또는 다처 결혼을 가르치고 있지도 않으며, 또 어떤 자에게도 이의 실행을 허용하고 있지도 않으며, 또 본인은 사십 건 또는 그 이상의 다처 결혼이 그 기간 중 당 교회의 성전 또는 주 내의 다른 어느 장소에서도 거행되었다는 사실을 부정하는 바이다."라고 밝히고, "이제 본인이 말일성도에게 주는 충고는 국법으로서 금지된 어떠한 혼인도 맺지 말라는 것임을 널리 선언하는 바이다."라고 공식적으로 발표했다. "공식선언문 2"는 인종차별과 관련된 내용으로, "교회의 모든 합당한 남자 회원은 인종이나 피부색에 관계없이 신권의 직에 성임될 수 있습니다."라고 선언했다. 기존 교리에 대한 변개를 통해, 몰몬교회는 일부다처제 및 인종차별 문제로 야기된 미국 주류사회와의 갈등을 해소하는 계기를 마련한다.

『값진 진주』는, 요셉 스미스가 받은 계시를 비롯해 "모세서"(총 8장), "아브라함서"(총 5장), "요셉 스미스서"로 구성되어 있으며, 몰몬교회의 핵심 교리를 간략하게 기술한 "신앙개조(The Articles of Faith)"가 추가되어 있다. 요셉 스미스가 작성했다는 총 13개조로 이루어진 "신앙개조"에는 몰몬교회의 교리가 간략하게 드러나 있는데, 성경과 『몰몬경』의 동등 권위 및 미국 대륙으로의 지상천국 건설 등 전통적인 기독교 신앙고백과는 현저하게 다른 교리를 보여준다.[9]

몰몬교회의 가장 핵심적인 교리서는 『몰몬경』이다. 이 책의 부제인 "예수 그리스도의 또 다른 언약(Another Testament of Jesus Christ)"에서 드러나는 것처럼, 『몰몬경』에는 성경에서 언급하지

---

9) (제1조) 우리는 영원하신 아버지 하나님과 그의 아들 예수 그리스도와 성신을 믿는다. (제2조) 우리는 사람이 자기 자신이 범한 죄에 대하여 형벌을 받고 아담의 허물로 인하여 형벌을 받지 아니한다. (제3조) 우리는 그리스도의 속죄를 통하여 인류가 복음의 법과 의식을 지킴으로써 구원받을 수 있음을 믿는다. (제4조) 우리는 복음의 첫째 되는 원리와 의식은 첫째 주 예수 그리스도를 믿는 신앙, 둘째 회개, 셋째 죄 사유함을 위한 침수로서의 침례, 넷째 성신의 은사를 받기 위한 안수례임을 믿는다. (제5조) 우리는 사람이 복음을 전파하며 또한 복음의 의식을 집행하기 위해서는 예언과 권능 있는 자의 안수에 의하여 하나님으로부터 부름을 받아야 할 것을 믿는다. (제6조) 우리는 초대교회에 있었던 것과 똑같은 조직, 즉 사도, 예언자, 감독, 교사, 축복사 등이 교회에 있어야 될 것을 믿는다. (제7조) 우리는 방언의 은사, 예언의 은사, 계시와 시현을 받는 은사, 병 고치는 은사 및 방언을 통변하는 은사 등을 믿는다. (제8조) 우리는 성서가 정확하게 번역되는 한 하나님의 말씀임을 믿고 또한 『몰몬경』도 하나님의 말씀임을 믿는다. (제9조) 우리는 이제까지 계시하신 모든 것이 지금 계시하고 계시는 모든 것과 앞으로도 하늘나라에 관하여 위대하고 중대한 것을 많이 계시하실 것을 믿는다. (제10조) 우리는 이스라엘 민족이 문자 그대로 집합하고 그 열 지파가 회복될 것을 믿는다. 우리는 이 대륙(미국)에 시온이 건설되며 그리스도께서는 친히 지상을 다스리시고 땅은 새로워져서 낙원의 영광을 받게 될 것을 믿는다. (제11조) 우리는 자기 양심의 지시에 따라 전능하신 하나님을 예배할 특권이 있음을 주장하며 또 사람마다 그가 원하시는 대로 어디서나 어느 모양으로나 혹은 무엇이라도 예배할 수 있는 똑같은 특권이 허용됨을 주장한다. (제12조) 우리는 왕, 대통령, 통치자 장관에게 순종함을 믿으며 또한 법률을 존중하고 지키며 지지함을 믿는다. (제13조) 우리는 정직, 진실, 순결, 인자, 유덕 그리고 만인에게의 선행을 믿는다. 진실로 바울의 훈계를 뒤따른다 할 수 있으니 우리는 모든 것을 믿으며 모든 것을 바라며 이에 모든 것을 참아 왔으니 모든 것을 참을 수 있기를 원한다. 무엇이든지 유덕하고 사랑할 만하고 듣기 좋으며 칭찬할 만한 일이 있으면 우리는 이것들을 구하길 마지않는다.

않은 내용들이 포함되어 있으며, 총 15권(니파이일서, 니파이이서, 야곱서, 이노스서, 예이롬서, 옴나이서, 몰몬의 말씀, 모사이야서, 앨마서, 힐라맨서, 니파이삼서, 니파이사서, 몰몬서, 이더서, 모로나이서)으로 구성되어 있다.

몰몬교회에 따르면, 『몰몬경』에는 주전 6세기경 예루살렘에서 아메리카로 이주해 온 고대인들에 대한 이야기가 기록되어 있는데, 시기적으로 주전 600년경부터 주후 421년까지의 기록이다. 『몰몬경』의 서문은 다음과 같이 설명하고 있다.

이 기록은 많은 고대 위대한 문명을 이룩한 두 민족에 대해 설명하고 있다. 이들 중 한 민족은 주전 600년에 예루살렘으로부터 왔으며 후에 니파이인과 레이맨인이라고 하는 두 민족으로 나누어졌다. 또 다른 민족은 바벨탑을 쌓을 때, 즉 주님께서 언어를 혼란시키실 때 떠나온 민족이다. 이 민족은 야렛인으로 알려져 있다. 수천 년이 지난 후 레이맨인을 제외한 모든 민족이 멸망되었으며 이들 레이맨인이 바로 아메리카 인디언의 조상인 것이다. 몰몬경에 기록된 가장 중대한 사건은 주 예수 그리스도께서 부활하시고 나서 바로 니파이인들에게 친히 성역을 베푸신 일이다. 몰몬경에는 복음 교리와 구원의 계획이 설명되어 있을 뿐만 아니라 인간이 현세에서 평화를 얻고, 내세에서 영원한 구원을 얻기 위해 마땅히 행할 일도 설명되어 있다.

——— Fiction

예언자이면서 역사가인 몰몬(Mormon)이 『몰몬경』의 내용을 금판에 기록했고, 이를 그의 아들 모로나이에게 주었고, 모로나이는 421년 이를 뉴욕주 맨체스터의 커머라언덕에 묻었으며, 천사로 부활한 모로나이의 도움을 받아 요셉 스미스가 1823년에 이 금판들을 발견했다는 것이다.

『몰몬경』의 내용을 간략히 요약하면, 가족(family)이 교회와 사회의 기본적인 단위(the basic unit)이고, 그 필요성과 중요성은 모든 것에 우선하고, 또한 모든 인간은 하늘의 부모(heavenly parents)에게서 받은 영(a spirit)을 가지고 있으며, 신처럼 되기 위해서 이 땅에 태어나게 되었다는 주장이다. 하지만 인간의 타락으로 인해 이러한 창조의 계획이 성취되지 못했고, 타락으로부터 회복되기 위해서 지상천국을 건설해야만 했으며, 그래서 지상에서의 결혼을 통해서만 지상에 천국이 건설될 수 있다고 설명한다. 나아가 이렇게 이루어진 가족은, 영적인 자녀들(spirit children)을 생산할 수 있고, 이로 인해 가족은 사회와 교회의 가장 기본적인 단위가 된다고 결론짓는다. 몰몬교회 성전에서만 거행되는 결혼을 영원한 결혼(Eternal Marriage)으로, 그리고 이를 통해 이루어지는 가족을 영원한 가족(Eternal Family)이라고 부른다. 몰몬교인들의 다산(多産)은 교리와 밀접한 연관성을 가지고 있다.

한편 몰몬교회는 『몰몬경』, 『교리와 성약』, 『값진 진주』와 함께, 현존하는 예언자들(Living Prophets, 제일정원회)을 통한 지속적인 계시를 성경과 동등한 권위로 받아들이고, 이들 최고 지도자들이 스미스의 후계자라고 믿으며, 이들의 지시에 절대적으로 복종한다.[10] 제일정원회(First Presidency)는 몰몬교회의 최고 조직이다. '대관장'이라 불리는 예언자와 두 명의 보좌 회장이 있고, 그 밑에는 십이사도정원회(Quorums of the Twelve)라 불리는 열두 명의 사도들이 있다. 제일정원회는 요셉 스미스처럼 계시를 받으며 교회의 정책을 결정하고 추진해 나간다. 몰몬교회에서 제일정원회의 결정은 절대적이며, 대관장은 지상에서의 유일한 선지자로 숭배된다. 제일정원회의 결정은 그 어떤 질문이나 의문도 없이 그대로 받아들여진다. 대관장이 죽으면 두 명의 보좌 회장 중 선임 회장이 대관장이 된다.

한국 몰몬교회 및 이단시비

몰몬교회는 6·25전쟁 기간 동안 미군을 통해 본격적인 포교

---

10) 제일정원회 직속 하부조직인 십이사도정원회는 1835년 2월 14일 조직된 이래 몰몬교회의 최고 행정 기구의 역할을 수행해 오고 있다. 만약 제일정원회의 회장단이 유고인 경우 십이사도정원회에서 제일정원회를 구성한다. 그 아래로 칠십인정원회(Quorums of the Seventy)가 있으며, 그 아래에 지역 회장단(Area Presidency)이 있다. 칠십인정원회에도 제일정원회처럼 세 명의 회장단이 구성되어있다. 지역 조직으로는 스테이크(Stakes)와 와드(Wards)가 있는데, 스테이크는 미국에서는 일반적으로 약 2,000~7,000명으로 구성되어있으며, 각 스테이크는 독자적인 체제로 조직되어 있다. 스테이크는 스테이크 회장단(회장과 두 명의 보좌 회장으로 구성)이 있다. 와드는 약 200~800명으로 구성되며, 감독과 두 명의 보좌 감독으로 지도부가 구성되어 있다. 한국에는 24개의 스테이크와 154개의 와드가 있다.

Fiction

를 시작했다. 미군 몰몬교인들이 중심이 된 모임에 한국인들이 참여했고, 대구와 부산 등지에서 영어 공부와 함께 모임이 확장되고 수세자들도 늘어났다. 당시 활동은 스펜서 팔머(Spencer Palmer, 1927-2000)가 주도했는데, 그는 미군 군목으로 종군했고 후에 선교사로서 활동했으며 한국학에 관한 많은 연구 결과를 남긴 인물이다. 이후 미국 코넬대학교에서 유학하던 중 한국인 최초로 교인이 된 김호직(金浩稙, 1905-1959)이 몰몬교회의 한국 정착에 큰 공헌을 했으며, 그의 가족들은 1952년 몰몬교회의 첫 수세자들이 되었다.

1955년 8월 2일 당시 십이사도정원회의 회장이었던 요셉 스미스(Joseph F. Smith, 1876-1972)가 한국을 방문한 것을 계기로 일본의 몰몬교 선교 본부에서 한국에 선교사를 파송하고 한국에 지방부를 조직했고, 김호직이 초대 지방부장으로 임명받았으며, 이후 많은 몰몬교회 선교사들이 한국에 파송되었다. 1956년 6월 3일에는 한국지방부 서울지부가 조직되었고, 1962년 7월에는 한국선교부가 조직되기에 이른다.

1967년 3월에는 『몰몬경』 한국어 초판이 출판되어 배포되기 시작했고, 1968년 10월에는 『교리와 성약』과 『값진 진주』가 추가된 한국어 합본이 번역 출간되었으며, 1970년에는 한국어 찬송가가 번역 출판되었다. 1973년 3월 8일에는 한국 최초로 서울 스테이크(Stake)가 조직되었고, 1985년 12월 14일에는 아시아에서 최초로 서대문구 신촌에 서울성전이 세워졌다. 2005년 7월에는 한국 전래 50주년을 기념했으며, 2022년 10월에는 두 번째 성전을 부산에 건립하는 계획을 발표했다.

저명한 몰몬교회 연구자인 잰 쉽(Jan Shipps)은, 몰몬교회만이 "유일하고 참된 예수 그리스도의 교회"라는 주장을 멈추고, 하나의 종교(a religion)로서 그 정체성을 재확립해서, 이단시비로부터 자유로워져야 한다고 권고한다.[11] 하지만 몰몬교회의 최고 지도부인 제일정원회는, 몰몬교회만이 유일한 기독교라고 공식적으로 재확인하며 이러한 제안을 받아들이지 않았다. 『몰몬경』을 "또 다른 예수 그리스도의 언약"으로, 그리고 "현존하는 예언자들"의 계시를 성경과 동등한 권위로 받아드리는 한, 몰몬교회는 기독교이단으로 분류될 수밖에 없다.[12]

---

11) Jan Shipps, *Mormonism : The Story of a New Religious Tradition* (Chicago : University of Illinois Press, 1987).
12) 몰몬교에서 권위 있게 인용되는 『몰몬교리(*Mormon Doctrine*)』는 "기독교"를 기독교인들의 종교라고 규정하면서, "기독교인"을 몰몬교인으로만 한정한다. Bruce. R. McConkie, *Mormon Doctrine* (Bookcraft, 1979).

7. 전능신교의 『말씀이 육신으로 나타남』

예수는 사람들 가운데 와서 수많은 사역을 했다. 그러나 그는 전 인류를 구속하는 사역을 완성하고 사람의 속죄 제물이 되었을 뿐, 사람의 패괴 성품을 다 벗기지는 않았다…. 그래서 하나님은 사람이 죄 사함을 받은 후 다시 성육신하여 사람을 새 시대로 인도하고, 형벌과 심판의 사역을 시작했다. 이 사역은 인류를 더 높은 경지로 인도했다. 그의 권세에 순종하는 사람은 모두 더 높은 진리를 누리고, 더 큰 축복을 얻고, 진정으로 빛 속에서 살며, 진리와 길, 생명을 얻게 될 것이다…. 하나님이 두 번째로 성육신한 사실을 거부하고 받아들이지 않는다면, 아무 수확 없이 빈손으로 끝나고, 결국 하나님을 대적했다는 죄명을 얻을 수밖에 없다. 진리와 하나님의 사역에 순종할 수 있는 사람들은 두 번째로 성육신한 하나님, 전능자의 이름 아래로 돌아올 것이다. (전능신교, 『말씀이 육신으로 나타남 : 하나님의 현현과 사역』)

전능신교의 『말씀이 육신으로 나타남』

전능신교의 출생지를 찾아서

중국 흑룡강성(黑龍江省) 아성시(阿城市)를 2017년 12월에 방문했다. 하얼빈시(哈尔滨市)에서 40여 킬로미터가량 떨어져 있고, 자동차로 1시간 거리에 있는 아성시는 전능하신 하나님 교회(동방번개, 이하, 전능신교)의 설립자 조유산(赵维山)의 생가가 있는 곳이다.

하얼빈에서 하룻밤을 보내고, 한겨울 추위를 뚫고 비포장도로를 달려 도착한 조유산의 생가는 한적한 농촌 지역에 있었다. 전능신교에 대한 중국당국의 조사와 추적이 시작된 후, 현재는 아무도 살지 않는 빈집으로 남아있었으며, 이웃 주민이 가끔 들러 관리하고 있었다. 조유산은 20여 년 동안 이 생가에 살았으며, 이곳에서 연탄가스 사고로 부모를 잃었다. 인근에는 조유산이 철도국 직원이었던 부친을 따라 근무했던 기차역도 있었다. 하지만 조유산과 그 가족을 알고 있는 마을 사람들을 만나기는 어려웠다.

1989년 기독교계 신흥종파인 호함파(呼喊派)의 영향을 받은 조유산은 아성시에 독자적인 종교단체를 설립했는데, 교세가 수천 명에 이를 정도로 급성장했다고 한다. 하지만 중국 공안의 제재를 받게 되자, 하남성(河南省)으로 이주해 3년여를 거주하면서 본격적으로 전능신교 활동을 시작한다. 이로 인해 현재도 흑룡강성과 하남성에 전능신교 신도들이 다수 거주하고 있다.

——————— Fiction

이후 조유산은 양향빈(杨向彬)이라는 여성을 중국에 재림한 그리스도로 내세우며 교세를 확장해 나아가기 시작했다. 중국 정부의 단속이 본격화된 후, 조유산은 2000년대 초 미국으로 이주했으며, 양향빈과 함께 전능신교를 이끌고 있다. 양향빈이 소위 전능신으로 전면에 나와 있지만, 전능신교의 배후실세는 조유산인 것으로 알려져 있다.

특히 중국 공산당을 "붉은 용"(계 12 : 3)이라고 적대시하는 전능신교의 반정부적 성격으로 인해, 관계 당국은 공식적으로 전능신교를 사교(邪敎)로 지정해 민감하게 단속하고 있다. 현지 전문가에 따르면, 전능신교 신도들은 농촌 지역을 중심으로 2~3백만 명에 이르며, 중앙정부는 물론이고 각 성(省)별로 대책 마련에 몰두하고 있다. 한편 중국 정부의 전능신교 단속은, 전능신교 신도들의 한국 도피라는 예기치 못한 풍선효과로 나타났다.

한국으로 잠입하는 전능신교 신도들

전능신교는 접근성이 좋은 한국에 주요 거점을 확보하려는 계획을 실행에 옮기고 있다는 의혹을 받고 있다. 조선족을 중심으로, 신도들의 한국 이주를 독려하고 있다는 정보가 있으며, 실제로 서울을 비롯한 강원도와 충청북도 지역에 숙박 시설이 갖춰진 유스호스텔들과 주변 부동산을 매입해 나아가고 있다.

중국에서 지리적으로 가깝고, 종교자유와 난민 보호가 법적으로 보장된 한국은, 전능신교에게 호조건을 제공하고 있다. 전능신교 신도들의 국내 잠입 과정을 보면, 제주도를 통해 무비자로 국내에 들어온 후, 난민 신청을 통해 합법적 체류를 시도하는 사례가 일반적이다.

2014~2016년 동안 종교탄압을 이유로 난민 신청을 한 중국인은 모두 736명인데, 이는 전체 중국인 난민 신청자들의 60%가 넘는 숫자로, 상당수가 전능신교 신도들로 추정되고 있다.[13] 이로 인해 한국 내 전능신교 활동에 대한 양국 정부의 관심도 함께 높아지고 있고, 난민불인정결정이 확정된 후, 조건변경사유 없이 다시 난민신청을 해 합법적으로 체류기간을 연장하려는 시도를 막기 위한 난민법 개정안이 입법 과정 중에 있다. 현재까지 전능신교 신도들의 난민 신청이 통과된 사례는 없지만, 정부가 입법 예고 중인 난민법 개정안을 막기 위한 전능신교의 적극적인 반대 로비활동이 감지되고 있다.

현재 전능신교는, 현재 서울 구로구 두 곳에 거점을 확보하고 활동하고 있으며, 강원도 횡성 그리고 충청북도 보은과 괴산에 집단 거주 시설을 매입해 공동생활을 하고 있다. 전능신교가 한국에서의 합법적인 정착을 시도하고 있는 이유는, 첫째, 중국에서의 활동이 어려워지자 중국에서 가장 가깝고 종교자유가 있

---

13) KBS, "전능신교에 빠진 우리 아빠 좀 찾아주세요," 2016년 10월 23일 자 KBS뉴스.

― Fiction

는 한국이 대안으로 등장한 것이고, 둘째, 미국에 망명 중인 전능신교 지도자들이 언제든지 한국으로 들어와 신도들과 교류할 수 있으며, 셋째, 이를 통해 중국에 있는 전능신교 신도들에 대한 효과적인 관리와 통제를 진행할 수 있기 때문으로 분석된다. 즉 한국을 매개로 중국의 전능신교 신도들과 미국에 있는 전능신교 핵심 지도부의 인적·물적 교류가 가능한 것이다.

전능신교 신도들의 국내 잠입의 최종적인 목적은 한국에 전능신교 본부를 설치하는 것으로 판단된다. 따라서 문제가 야기될 수 있는 중국식 포교 방식보다는, 안정적인 정착을 위해 친사회적 봉사활동에 주력하는 모습을 보이는 것도 이러한 전능신교의 의도를 뒷받침해주고 있다.

전능신교의 온라인 홍보 및 포교 활동도 활발하다. 드라마, 영화, 합창 등으로 제작된 고화질과 고음질의 전능신교 동영상이 온라인을 뒤덮고 있다. 우리에게는 다소 낯설고 어색한 말투와 모습이지만, 물량 공세를 통해 친절하고 친밀하며 익숙한 모습으로 점점 우리 곁으로 다가오고 있다.

국내 각 교단들은 전능신교의 활동을 예의주시하고 있으며, 교계 언론들은 전능신교의 교리적 문제점과 사회적 위험성에 대한 보도를 내보내며 경각심을 고취하고 있다. 현재 전능신교에 대한 고신(이단, 2013), 통합(이단사이비, 2013), 기감(이단, 2014), 백석대신(이단, 2018), 합신(이단사이비, 2018) 교단의 공식적인 결의가 있다.

경전 『말씀이 육신으로 나타남』

전능신교 한국어 공식 홈페이지인 "하나님 나라 강림 사이트 (kr.kingdomsalvation.org)"에는 『말씀이 육신으로 나타남』을 비롯한 경전과 책들 총 16권이 전자책 형태로 게시되어 있다. 대표적인 경전인 『말씀이 육신으로 나타남』은 양향빈의 설교와 강연으로, 제1권 『하나님의 현현과 사역』, 제2권 『하나님을 알아 가는 것에 관하여』, 제3권 『말세 그리스도의 좌담 기록』, 제4권 『적그리스도를 폭로하다』, 제5권 『리더 일꾼의 직책』, 제6권 『진리 추구에 관하여』 6권으로 구성되어 있다. 이 중 제4권과 제5권을 제외한 총 네 권의 경전이 홈페이지에 게시되어 있다.

제1권인 『하나님의 현현과 사역』(660쪽)의 1부는 "그리스도의 최초의 말씀 : 성령이 교회들에게 한 말씀"(1991.2.11.-1991.11.20.), 2부는 "하나님이 전 우주를 향해 한 말씀"(1992.2.20.-1992.6.1.), 3부는 "그리스도가 교회들을 다니며 한 말씀"(1992.6.-2010.3.23.)으로 구성되어 있다. 제2권인 『하나님을 알아 가는 것에 관하여』(164쪽)는, "하나님의 성품과 하나님의 사역으로 맺게 될 결실을 어떻게 알아야 하는가," "하나님의 사역과 하나님의 성품, 하나님 자신," "유일무이한 하나님 자신"의 내용으로 구성되어 있다. 제3권인 『말세 그리스도의 좌담 기록』(103쪽)의 1부는 "전능하신 하나님이 예배 때 하신 설교와 교제"(2007.-2021.9.25.), 2부는 "전능하신 하나님이 리더 일꾼과 나눈 좌담 기록"(1995.-2022.1.12.)으로 구성되어

——————— Fiction

있다. 제6권인 『진리 추구에 관하여』(73쪽)는, "진리 추구란 무엇인가," "왜 진리를 추구해야 하는가," "어떻게 진리를 추구해야 하는가" 등의 내용으로 구성되어 있다. 『말씀이 육신으로 나타남』은 "말세 그리스도 전능하신 하나님이 교회들 가운데서 전문적인 주제로 나누신 설교와 교제 내용"이라고 소개되고 있다.

전능신교의 기존 공식 명칭인 동방번개(東方閃電)는, "번개가 동편에서 나서 서편까지 번쩍임 같이 인자의 임함도 그러하리라"(마 24 : 27)와 "번개가 하늘 아래 이쪽에서 번쩍이어 하늘 아래 저쪽까지 비침같이 인자도 자기 날에 그러하리라"(눅 17 : 24)를 근거로 한 것인데, 동편인 중국에 그리스도가 나타났다는 주장을 담고 있다. 즉 양향빈이 중국에 나타난 여성 그리스도, 전능하신 하나님, 곧 전능신(全能神)이라는 것이다. 『말씀이 육신으로 나타남』에는 양향빈에 대한 신격화와 성경 및 정통신학에 대한 부정과 폄하가 노골적으로 드러나 있다.

첫째, 예수의 두 번째 성육신은 중국인 여성으로 왔다고 주장한다. "예수는 예전에 왔을 때는 남성으로 왔었지만 이번에는 여성으로 왔다…. 둘 다 하나님이 입은 육신이라는 것은 부인할 수 없는 사실이다. 그러나 둘은 같은 혈통도 아니고, 같은 언어를 사용하지도 않는다(한 사람은 유대어를 쓰는 남자이고, 다른 한 사람은 중국어만 쓰는 여자임). 이 때문에 둘은 서로 다른 시기, 서로 다른 나라에서 각자 해야 할 사역을 하는 것이다. 둘은 하나의 영, 그러니까 같은 본질을 지니고 있으나, 육신의 겉모습은 닮은 부분이 전혀 없다. 똑같은 인성을 지녔을 뿐, 육신의 생김새나 출생은 서로 다르다."(『하나님의 현현과 사역』)

둘째, 여성 그리스도인 양향빈이 곧 전능하신 하나님이며, 구원은 전능신교를 통해서만 가능하며, "큰 붉은 용" 즉 중국 공산당을 멸할 것이라고 주장한다. 중국 정부가 전능신교에 대해 민감한 이유가 여기에 있다. "내가 성육신으로 인간 세상에 오자, 사람들은 자기도 모르는 사이에 나의 인도에 따라 오늘날까지 오게 되었고, 자기도 모르는 사이에 나를 알게 되었다. 하지만 이후의 길을 어떻게 가야 할지 아무도 모르고, 이후의 길이 어디로 향할지 아는 사람은 더욱 없다. 오직 전능자의 보살핌을 받아야만 이 길의 끝까지 갈 수 있고, 오직 동방번개의 인도를 받아야만 내 나라의 문에 들어설 수 있다…. 성육신으로 인간 세상에 온 목적이 단지 사람에게 내 육신을 보여 주려는 것만은 아니다. 더 중요한 것은 사람들에게 나를 알게 하기 위함이다. 또한 나는 내가 입은 육신을 통해 사람을 정죄하고, 내가 입은 육신을 통해 큰 붉은 용을 물리치며 그것의 소굴을 멸할 것이다."(『하나님의 현현과 사역』)

셋째, 성경의 가치를 폄하한다. "하나님이 율법시대의 사역을 한 후에 구약성경이 생겨났고, 그때부터 사람은 성경을 보기 시작했다. 예수가 와서 은혜시대의 사역을 한 후에는 예수의 사도들이 신약성경을 썼다. 그렇게 신구약 성경이 생겨난 것이다…. 오늘날, 하나님은 성육신하여 따로 중국에서 다시 선민들을 택했고, 이들에게 사역하며 땅에서의 사역을 계속하고 있다. 즉, 은혜시대의 사역을 이어가고 있다…. 하지만 오늘날 너는 성경을 볼 필요가 없다. 성경에는 별로 새로운 것이 없고 시대에 뒤떨어진 것뿐이기 때문이다. 성경은 역사책에 속한다."(『하나님의 현현과 사역』) 즉, 율법시대와 은혜시대를 지나, 여성 그리스도 양향빈으로부터 시작하는 국도시대(國度時代)가 열렸고, 이로 인해 은혜시대의 산물인 성찬과 세례도 필요없다고 주장한다.

넷째, 삼위일체를 부정하는 한편, 전능신만을 유일한 하나님으로 주장한다. "성부와 성자, 성령의 설은 가장 그릇된 말이다…. 어떤 때에도 성부와 성자, 성령이라는 삼위일체론은 결코 존재할 수 없다. 이는 천고에 보기 드문 그릇된 논리이며, 존재하지 않는 것이다…. 어느 때든 하나님은 오직 전능하고 유일한 참하나님, 만유를 포함하는 하나님 자신이라 불린다."(『하나님의 현현과 사역』) 전능신 양향빈의 절대적인 위치는, 전능신교의 "하나님나라시대의 선민이 반드시 준수해야 할 10가지 행정 법령"에 여실히 드러나 있다.[14]

---

14) "하나님나라시대의 선민이 반드시 준수해야 할 10가지 행정 법령" (1) 사람은 마땅히 하나님을 경배하고 높여야지, 함부로 잘난 체하거나 자신을 높여서는 안 된다. (2) 마땅히 하나님의 사역에 유익한 모든 일을 행해야 하며, 하나님 사역의 이익에 해가 되는 일을 해서는 안 된다. 하나님의 이름, 하나님의 증거, 하나님의 사역을 수호해야 한다. (3) 하나님 집의 재물과 물질, 모든 재산은 사람이 마땅히 바쳐야 하는 제물이다. 그 제물은 제사장과 하나님 외에는 그 누구도 누릴 수 없다. 사람이 바친 제물은 하나님께 누리도록 드린 것이고, 하나님은 그 제물을 오직 제사장에게만 베풀어 누릴 수 있게 하였으므로 다른 사람은 그 제물을 누릴 자격이나 권리가 전혀 없다. 사람이 바친 그 제물(돈과 누릴 수 있는 물질)은 사람이 아닌 하나님께 드린 것이기

다섯째, 기독교 전통을 거부한다. "'부활절', '세례일', '예수 탄생일' 등 말도 안 되는 명절들은 전부 예전부터 지금까지 많은 사람들에 의해 만들어져 전통이 된 것으로, 사람의 풍부한 상상력과 '교묘한 구상'으로 인해 지금까지 전해 내려온 것에 불과하다…. 사람들은 '예수의 초상화', '십자가', '마리아'에서 '예수의 세례', '예수의 만찬'에 이르기까지 이러한 것들을 '천주'로 여겨 경배하고 말끝마다 '주님, 하나님 아버지'를 부르짖으니 가소로운 때문이다. (하략) (4) 사람에게는 패괴 성품은 물론, 감정까지 있다. 그러므로 서로 협력하며 섬길 때 남녀가 단둘이 함께하는 것은 일률적으로 금지한다. 이를 위반한 사실이 발견되면 누구도 예외 없이 출교한다. (5) 하나님을 판단해서는 안 되고, 하나님의 일을 함부로 논해서도 안 된다. 사람이 해야 할 일을 하고, 해야 할 말을 하되, 범위와 한계를 넘지 말아야 한다. 하나님의 성품을 거스르는 일을 하지 않도록 자신의 말을 경계하고 자신의 행동거지를 조심해라. (6) 마땅히 사람이 해야 할 일을 하고, 너의 의무를 다하며, 너의 직책을 수행하고, 너의 본분을 지켜야 한다. 네가 하나님을 믿는 이상, 하나님의 사역을 위해 자신이 바쳐야 할 몫을 바쳐야 한다. 그러지 않으면 하나님의 말씀을 먹고 마실 자격도, 하나님의 집에 남아 있을 자격도 없다. (7) 사역이나 교회의 사무적인 일에서 하나님께 순종해야 하는 것은 물론, 모든 것은 성령께 쓰임 받는 사람의 지시에 따라야지, 이를 조금이라도 어겨서는 안 된다. 또한 절대적으로 순종하되, 옳고 그름을 분석하지 마라. 옳든 그르든 너와는 무관하니 절대적으로 순종하기만 하면 된다. (8) 하나님을 믿는 사람이라면 마땅히 하나님께 순종하고 경배해야지, 사람을 높이거나 우러러 보아서는 안 된다. 또한, 하나님을 가장 높은 지위에 두고 네가 우러러보는 사람과 너 자신을 순서대로 그 밑에 두어서도 안 된다. 네 마음속에 어떤 사람의 자리도 있어서는 안 되며, 특히 네가 숭상하는 사람을 하나님과 동등하거나 평등하게 보아서는 안 된다. 그것은 하나님이 용납할 수 없는 일이다. (9) 마땅히 교회의 사역을 위해 생각하고 자신의 육적인 앞날은 내려놓아야 한다. 자신의 가정사에 대해서는 바로바로 결단을 내리고, 하나님의 사역에 온 몸과 마음을 쏟아부어야 한다. 마땅히 하나님의 사역을 주된 것으로 하고, 자신의 삶은 부차적인 것으로 해야 한다. 이것이 바로 성도가 마땅히 갖춰야 할 품위이다. (10) 하나님을 믿지 않는 가족(너의 자녀, 남편이나 아내 또는 형제나 부모 등)을 억지로 데려오지 말아야 한다. 하나님의 집은 사람이 부족하지 않으니 쓸모없는 자로 머릿수를 채울 필요가 없다. 기꺼이 원해서 믿는 사람이 아니라면 교회로 데려오지 마라. (하략)

일이 아니고 무엇이냐?"(『하나님의 현현과 사역』)

전능신교는, 중국에 나타난 여자 그리스도이자 전능하신 하나님인 양향빈에 대한 신격화로 인해 '기독교 이단'으로 분류되는 동시에, 중국 공산당에 대한 적대적인 태도로 인해 체제를 심각하게 위협하는 '반정부단체 및 사교'로 규정되어 있다.

한편, 전능신교의 반정부적 성격으로 인해, 중국과의 외교적 갈등 관계에 있는 서방국가에서 중국 정부를 압박하기 위한 수단으로 전능신교 이슈를 이용하는 모습도 목격되고 있어, 전능신교에 대한 효과적인 대처는 점점 복잡해지는 양상이다.

전능신교 대처 동향 및 과제

전능신교 대처를 위한 한·중교회 정보 및 인적 교류가 최근 활발하게 진행되고 있다. 필자가 소장으로 있는 부산장신대학교 부설 종교문제연구소와 중국사회과학원(상해) 공동 주최로 한중이단대책세미나 및 연석회의가 코로나19 발생 직전인 2019년 10월 25일에 개최됐다.

"중국의 한국 이단, 한국의 중국 이단(Korean Cults in China, Chinese Cults in Korea)"이라는 주제로 열린 회의에는, 국내 주요 교단 이단대책위원장들과 중국사회과학원(상해) 연구자들 및 월간 「현대종교」 관계자들이 함께 모여 전능신교에 대한 대책을 다

각도에서 논의했다.

이날 학술발표에서 중국사회과학원(상해) 교수인 후앙 하이보(Huang Haibo, 상해사회과학원)와 쉬 리(Shi Li, 상해사회과학원)는 전능신교의 위험성에 대해 경고했는데, 후앙 교수는 "전능신교 신도 가정에 관한 연구(A Study on the Family Member of the Almighty God Participants)"라는 주제의 발표에서, "전능신교 신도들은 가정을 버리고 포교 활동을 위해 가출한다. 이로 인해 어려움을 겪고 있는 가정들이 많다."고 중국 내 피해 상황을 설명했고, 쉬 교수는 "파괴적 사교인 전능하신 하나님에 관한 연구(A Study on the Almighty God as a Destructive Cult)"라는 제하의 발표에서, 전능신교와 기독교의 교리의 차이점에 대해, "전능신교는 성경이 사람의 뜻으로 만들어졌기에 중요하지 않다고 여기고, 삼위일체를 믿지 않고, 예수와 성령을 부정하고, 시대를 율법(야훼)시대, 예수(은혜)시대, 국도시대로 나누며, 믿음 대신에 행위로 구원을 얻는다고 주장"하고 있으며, "전능신교 신도들 대부분이 이전에 기독교인들이었다."고 분석했다.

최근 중국 현지 및 국내에서도 전능신교에 대한 정보 및 문제점과 대처방안에 관한 연구 자료들이 간행되고 있다. 언론의 관심도 늘어나는 양상이다. 하지만 기독교 언론의 경우 전능신교의 이단성 및 향후 예상되는 문제점들을 보도하는 반면, 일반 언론의 경우 전능신교의 주목할 만한 국내 위법사례가 많지 않아 보도에 신중한 자세를 보이고 있다.

Fiction

우려처럼 전능신교가 한국에 성공적으로 거점을 마련해 정착한다면, 한국과 중국 교회와 사회 모두에게 위협적인 요소가 될 수 있다. 전능신교 신도들의 잠입과 사회적 혼란을 예방할 수 있는 한·중 양국의 정책적 차원에서의 공조가 필요한 시점이며, 전능신교의 잠입과 국내 거점 확보 및 포교 활동을 선제적으로 예방하기 위한 양국 교회의 대안 마련 및 공동대처가 요구되는 시점이다.

한국 이단 경전의 경우, 독창성과 창의성보다 서로를 벤치마킹하고 업그레이드 한 혼합주의적 형태가 일반적이다. 이 점에서 일차자료인 경전에 대한 비교연구는 이단들의 교리적 오류와 허구를 여실히 드러나게 한다. 한국교회의 이단연구도, 타인의 연구 결과(이차자료)를 표절하거나 도용하기보다, 이단들의 일차자료에 관한 연구를 통해 이단 예방뿐만 아니라 계도에도 효율성과 설득력을 강화해 나아가야 한다.

교회의 신앙과 신학은
이단들과의 비타협적 투쟁의 결과물이다.

Benchmarking

이단, 서로를 매료하다

Benchmarking

이단, 서로를 매료하다

　한국 이단 교리는 상호 모방을 기본으로 한다. 그렇기에 주요한 이단 코드는 '벤치마킹'과 '업그레이드'로 나타난다. 교주 자신이 계발한 창의적인 교리가 아니라, 대부분 자신이 한때 따르던 전임 교주의 교리를 벤치마킹한 경우가 대다수를 차지한다. 저작권을 무시한 채 불법적으로 표절한 후, 자신에 맞게 '업그레이드'한다. 업그레이드를 위해 비기독교적인 무속신앙과 정체불명의 민간 속설마저도 거리낌 없이 도용한다. 이렇게 탄생한 혼합적인 형태의 교리를 트렌디하게 포장해 국내외에서 신도들에 대한 포교, 교육, 통제를 위해 사용한다.

　이단 교주들의 벤치마킹과 업그레이드의 결정체인 '이단 코드'(Cult Code)에 관한 연구는, 이단 교리의 정체와 문제점을 적나라하게 드러내 주는 한편, 이러한 한국적이고 혼합적인 교리가 어떻게 세계로 확산되는지에 대한 궁금증에 답을 제시해 준다. 모습은 달라도 유사한 유전자를 지닌 이단적 교리가 주요 이단들의 계보 속에 흐르고 있다.

한국에 나타난 세례요한과 재림 그리스도

한국 이단들은 철저히 한국 중심적이다. 재림 그리스도가 한국 사람이고, 새로운 계시의 말씀도 한국어로 기록되어 있는데, 이들의 특징은 다음과 같다. 첫째, 재림 그리스도, 구세주, 메시아, 보혜사 등으로 신격화된 이단 교주는 한국 사람이다. 둘째, 불완전한 성경을 보완해 줄 새로운 계시의 말씀은 한국어로 기록되어 있다. 셋째, 구원받을 144,000명의 대부분은 한국 사람들이다. 넷째, 이들의 교리적 배경은 한국의 정치적, 경제적, 문화적 배경과 밀접히 연관되어 있다. 그리고 마지막으로, 성경에서 언급하는 재림 그리스도가 등장할 동방도 한국이라고 주장한다.[1]

이단들의 자의적인 성경해석은 한국인 이단 교주 등장의 필

---

1) 이 글은 2017년 여름호에 게재된 「신학사상」, "한국 이단의 세례요한 이해 : 기독교복음선교회(JMS)와 신천지의 교리와 계보를 중심으로"(169-197쪽)를 수정·보완한 것이다.

연성을 강조하려는 데 초점이 맞춰져 있다. 교리 교육의 목적도 예수 그리스도가 아니라 신격화된 이단 지도자에게 맞춰져 있다. 특히 자신이 바로 재림 그리스도인 것을 입증하고, 세력을 확대하고 조직을 체계화하기 위해 사용할 수 있는 성경 구절들을 취사 선택하여 사용한다.

흥미로운 점은 재림 그리스도로 자신을 신격화한 이단 지도자는 대부분 자신이 메시아임을 증명해줄 세례요한의 존재를 필요로 한다는 사실이다. 자신이 재림 그리스도가 될 수밖에 없는 필연성을, 자신의 등장을 앞서 준비한 세례요한을 통해 설명하려고 하기 때문이다. 한편 재림 그리스도로 추앙받던 이단 교주는 후계자에 의해 세례요한으로 폄하되기도 하고, 후계자가 새로운 재림 그리스도로 등장하기도 한다.

통일교 문선명에게서 JMS 정명석이, 그리고 장막성전 유재열에게서 신천지 이만희가 등장하게 되는 것도 같은 논리가 적용된 결과이다. 한국 이단들의 교리에 나타난 세례요한에 관한 연구는 한국 이단들의 비성경적 교리의 근원과 상호연관성을 고스란히 드러낸다.

복음서와 사도행전에 나타나는 세례요한의 모습은 다양하다. 하지만 세례요한이 예수 그리스도의 등장에 앞서 복음 선포를 준비했다는 점에는 이견이 없다.[2] 그리고 무엇보다 중요한 사실

---

2) Walter Wink, *John the Baptist in the Gospel Tradition*, 111. 한편 대일 마틴(Dale B. Martin)은 그의 저서 *New Testament History and Literature*

은, 세례요한이 없더라도 예수 그리스도는 여전히 성경의 중심이라는 점에는 변함이 없지만, 예수 그리스도 없는 세례요한의 성경적 존재는 그 의미가 미약하다는 점이다. 즉 세례요한 없는 예수는 가능하지만, 예수 없는 세례요한을 언급하기는 어렵다.

반면 한국 이단 교리에 나타난 세례요한에 대한 이해는, 예수 사역과의 유사성보다는 예수와의 관계적 '갈등'과 '긴장'에 주로 초점이 맞춰져 있다. 즉 성경에 등장하는 세례요한은 예수의 등장에 앞서 그 길을 준비해야 하는 인물이었지만, 한국 이단들의 교리에는 그 사명이 실패하거나 예수를 의도적으로 배신한 인물로 묘사된다. 이러한 자의적인 해석은 문선명 계열과 박태선 계열의 이단 단체들에서 특징적으로 드러난다.

흥미로운 점은, 한국의 재림 그리스도는 한때 자신들이 따랐던 재림 그리스도를 세례요한으로 격하시키는 과정을 통해, 자신을 새로운 재림 그리스도로 신격화한다는 것이다. 그리고 나중에는 자신의 후계자에 의해 다시 세례요한으로 폄하되는 반복적인 과정을 거치는 것이 한국 이단의 계보(系譜)에서 지속적으로 나타

에서 요한복음에 나타난 세례요한과 예수의 관계성을 다른 복음서들과 비교하면서, 요한복음이 직간접적으로 언급하는 세례요한과 예수 사역의 중복성과 유사성에 주목한다. Dale B. Martin, *New Testament History and Literature* (New Haven : Yale University Press, 2012), 154-59. 또한 바트 얼맨(Bart D. Ehrman)에 따르면, 예수는, 율법준수를 강조하는 바리새파나, 성전제의를 통한 예배를 강조하는 사두개파나, 자신의 종교적 정결함을 유지하기 위해 금욕주의적 공동체를 이루고 있었던 에세네파나, 열심당과 함께하기보다, 회개에 대한 종말론적 선포를 했던 세례요한을 택했다고 해석한다. Bart D. Ehrman, *Jesus : Apocalyptic Prophet of the New Testament* (London : Oxford University Press, 1999), 138.

나고 있다.

즉 자칭 재림 그리스도가 몰락하거나 사망할 경우, 자신을 재림 그리스도로 신격화하면서 신도들의 동요를 막고, 세력을 결집하고, 재산을 지켜내는 과정을 거치는 것이다. 한국의 이단 역사는, 한때 재림 그리스도였던 지도자가 운명적으로 세례요한이 되는 과정을 거칠 수밖에 없는 모습을 여실히 보여 준다.

특히 이러한 현상은 한국 이단의 뿌리인 통일교 문선명과 전도관 박태선과 장막성전 유재열의 직접적인 영향을 받은 JMS 정명석과 신천지 이만희에게서 전형적으로 드러난다. 정명석은 문선명을 "실패한" 세례요한으로, 이만희는 유재열을 "배도한" 세례요한으로 주장한다.

통일교 문선명과 JMS 정명석, 실패자 세례요한과 재림 그리스도

JMS 정명석의 세례요한에 관한 이해는 그의 『30개론』 교리에 잘 드러나 있다. 『30개론』 고급편 "세례요한과 예수님의 관계사명"이란 항목에서, "아담 이후 4,000년 동안 유대인들은 오직 메시아를 기다렸다. 그런데 유대인들이 메시아보다 더 기다린 자가 있었으니 바로 엘리야"라고 주장하면서, "하나님께서 크고 두려운 날이 이르기 전 즉, 메시아를 보내기 전에 선지자 엘리야를 먼저 보내겠다고 약속하셨기 때문"이라고 그 이유를 설명한다.[3] 그리고 말라기 4장 5절의 "보라 여호와의 크고 두려운 날이 이르기 전에 내가 선지자 엘리야를 너희에게 보내리니"라는 내용을 그 근거로 제시한다.

주목할 점은 정명석은 예수와 세례요한의 관계를 상호보완적인 관계가 아니라 갈등과 긴장 관계로 바라본다는 사실이다. 즉 예수와 세례요한이 동시에 활동을 시작하자 "그 조그만 나라에 두 사람이나 나타나 외치는 바람에 유대인들은 그만 혼란"에 빠졌고, 그래서 제사장들이 이들 "두 사람의 신상과 배경을 조사"했는데, 다음과 같은 결론을 내렸다는 것이다.

> 세례요한은 간판 좋고 배경 좋은 각광받는 선생이었다. 게다가 존경받던 제사장 사가랴의 아들로 어머니는 엘리사벳이었고, 태어날 때 신기한 기사와 이적이 있어 많은 사람들을 놀라게도 했었다. 그리고 세례요한은 구약 율법에 뛰어난 자였다. 신앙적으로 볼지라도 세례요한은 광야에서 독실한 수도생활을 마치 대단한 경력의 소유자였다.[4]

반면 예수님은 세례요한과 비교해볼 때 별로 내세울 만한 간판이 없었다. 시골 나사렛의 가난한 목수 요셉의 아들로 어머니는 마

---

3) 정명석, 『30개론 강의안』 (서울 : 도서출판 명, 2002), 173.
4) 정명석, ibid., 174.

리아이고, 겉으로 드러난 모습은 너무나도 초라하고 보잘 것 없었다. 경력도 크게 드러난 것이 없는 무명의 시골 청년일 뿐만 아니라 생활 처지를 볼지라도 어부, 창녀, 세리들과 같이 먹고 마시면서 어울려 다녔다. 그리고 신앙적으로 보면 유대인의 눈에 예수는 안식일을 범하는가(마 12 : 1-7) 하면 자기가 하나님의 아들이라(요 14 : 9)고까지 하니 그야말로 믿을 수 없는 사람으로 보였다.[5]

조사를 마친 유대인들이 세례요한을 찾아가 엘리야냐고 물었을 때 아니라는 답변을 들었는데, 이로 인해 세례요한의 사역은 실패했다는 것이다. 즉 그가 자신을 엘리야라고 말하고, 예수가 메시아인 것을 밝혔다면 모두가 예수님을 따랐을 것인데, "그러나 요한은 유대인들이 예수님 앞으로 갈 수 없게 만들고 또한 섭리역사도 깨지게 하고 만 것이다. 게다가 예수님은 세례요한이 엘리야라고 했는데 정작 세례요한은 아니라고 했으니 예수님이 얼마나 우스운 꼴이 되어버린 것인가."라고 해석하면서, "결국 세례요한은 주님 증거도 하지 못하고 정치 이야기나 하다가 헤롯에 의해 죽임을 당하고 만다."라고 결론짓는다.[6]

정명석은 나아가 세례요한이 거짓말을 했다고 주장한다. 세례요한이 예수가 메시아인 것을 알고도 부인했다는 것이다. 그

---

5) 정명석, ibid..
6) 정명석, ibid., 175-176.

근거로 요한복음 1 : 11~17, 33~34을 제시한다.[7] 정명석은 "그는 메시아를 따르지 않았다. 예수님과 하나가 되어 따르지 못하고 자기는 자기 나름대로 제자를 양성하며 따로 놀았다."라고 비난한다.[8] 또한 "그는 흥하여야 하겠고 나는 쇠하여야 하리라 하니라"(요 3 : 30)는 세례요한의 말에도 어폐가 있다면서 다음과 같이 자의적인 해석을 시도한다.

> 둘[예수와 세례요한]이 혼연일체 되어 둘 다 성해야 하는 게 아닌가. 남편과 부인이 있는데 남편은 잘되고 부인은 망하면 되겠는가. 둘 중 하나가 망하면 둘 다 망하는 것이다. 세례요한이 예수님을 높이는 듯 말했으나 결국은 아첨 떠는 말이었다. 이렇게 세례요한은 잘못된 사고를 가지고 있었다. 사고(思考)가 잘못되면 사고(事故)가 난다.[9]

[7] 정명석, ibid., 176. "나도 그를 알지 못하였으나 나를 보내어 물로 세례를 베풀라 하신 그이가 나에게 말씀하시되 성령이 내려서 누구 위에든지 머무는 것을 보거든 그가 곧 성령으로 세례를 베푸는 이인 줄 알라 하셨기에 내가 보고 그가 하나님의 아들이심을 증언하였노라 하니라"(요 1 : 33-34) "자기 땅에 오매 자기 백성이 영접하지 아니하였으나 영접하는 자 곧 그 이름을 믿는 자들에게는 하나님의 자녀가 되는 권세를 주셨으니 이는 혈통으로나 육정으로나 사람의 뜻으로 나지 아니하고 오직 하나님께로부터 난 자들이니라 말씀이 육신이 되어 우리 가운데 거하시매 우리가 그의 영광을 보니 아버지의 독생자의 영광이요 은혜와 진리가 충만하더라 요한이 그에 대하여 증언하여 외쳐 이르되 내가 전에 말하기를 내 뒤에 오시는 이가 나보다 앞선 것은 나보다 먼저 계심이라 한 것이 이 사람을 가리킴이라 하니라 우리가 다 그의 충만한 데서 받으니 은혜 위에 은혜러라 율법은 모세로 말미암아 주어진 것이요 은혜와 진리는 예수 그리스도로 말미암아 온 것이라"(요 1 : 11-17)
[8] 정명석, ibid..
[9] 정명석, ibid., 177.

정명석은 마태복음 11장 11절의 "내가 진실로 너희에게 말하노니 여자가 낳은 자 중에 세례요한보다 큰 이가 일어남이 없도다 그러나 천국에서는 극히 작은 자라도 그보다 크니라"는 구절을 해석하면서, 세례요한이 "가장 큰 자가 될 수 있었는데 메시아를 증거하는 책임분담을 하지 못했기에 가장 작은 자가 될 수밖에 없다고 하신 것이다."라고 주장한다.[10] 그래서 이때로부터 천국이 침노 당하기 시작했는데, 결국 이로 인해 세례요한은 예수의 수제자가 되는 자격을 베드로에게 빼앗겼다는 것이다. 정명석은 예수와 세례요한의 관계에 대해, "세례요한은 예수님을 제대로 몰랐다. 무엇보다도 그는 자기를 몰랐다. 세례요한이 대답을 잘못함으로 그때부터 본격적으로 예수님도 세례요한도 짓밟히기 시작했고 결국 그는 죽음의 길을 가게 된다."고 결론 내린다.[11]

정명석은 예수와 세례요한을 "두 감람나무"(슥 4 : 11)와 "두 증인"(계 11 : 3)으로 이해한다. "하나님께서는 시대마다 두 감람나무 즉, 두 사람을 세워서 섭리하셨는데 보다 영적인 지도자와 보다 육적인 지도자, 이렇게 둘씩 세우셨다."라고 설명하면서, "두 감람나무 두 증인은 서로 짝이기에 절대적으로 하나 되어야 한다. 하나 될 때 모든 역사가 이루어지게 되어있다."라고 주장한

10) 정명석, ibid., 178.
11) 정명석, ibid., 179. 세례요한의 죽음 원인에 대해, 정명석은 "종교인이면 종교 일에나 열심을 낼 것이지 정치에 관여하고 왕의 사랑 문제를 건드리다가 목이 잘려 죽었다. 세례요한은 순교한 것이 아니다. 주님을 제대로 증거하지 못하고 자기 제자나 양성하면서 따로 놀다가 실로 어처구니없는 죽음을 당한 것이다."라고 비난한다.

다.¹²⁾ 물론 정명석도 이 시대의 두 감람나무 중 하나로 등장한다.

그렇다면 또 다른 감람나무는 누구일까? 만약 정명석이 예수라면 세례요한은 누구일까? 정명석은 통일교 신도였다. 1975년 3월 20일에 세계기독교통일신령협회장에게 제출한 자필 입회원서에 따르면, 정명석은 충남 금산 통일교 진산교회에 소속되어 있었으며, 1974년 11월 15일에 통일교에 입교했다. 자시의 신앙 경력에 대해서는 장로교에서 20년 동안 집사로 있었으며, 직업은 "복음전파"라고 적고 있다.¹³⁾

정명석의 『선생님의 생애와 사상』에 기록된 연표에 따르면, 1975년 6월 8일 통일교 세계구국대성회에 참석해서 사명 징조를 받았다고 한다.¹⁴⁾ 정명석은 통일교와의 만남을 다음과 같이 기록한다.

> 처음에 통일교에 갔을 때도 "세계적으로 유명한 원리 말씀이 있다!"고 하도 그러기에 굉장히 얼었다. 그런데 수련회에 가서 보니까 너무너무 설명을 못하더라는 것이다. …결국 깨달은 것은 선생님[정명석]이 가르쳐 주었으면 주었지 도대체 그 밑에서 공부를 못하겠다는 것이었다. …"아니 저 말씀을 가지고 세상에 다라고 생각할까? 내 말씀을 들으면 과연 어떤 현상이 일어날 것인

---

12) 정명석, ibid., 180-184.
13) 정명석의 통일교 입회원서.
14) 정명석, 『선생님의 생애와 사상』 (서울 : 세계청년대학생MS연맹, 1995), 375-376.

가?" 하고 선생님이 말씀을 좀 가르쳤더니 휙휙 돌아갔다. 그때부터 선생님이 가지고 있는 말씀을 가르쳤더니만 깜짝 놀라더라. "아하, 세상을 흔들고 돌아다닌다는 통일교의 말씀보다 나에게 훨씬 높은 말씀을 주셨구나! 주님이 그러한 가르침을 주셨구나!" 이것을 확실히 깨닫게 되었다.[15]

1979년 통일교를 떠나기까지, 정명석은 통일교 강사로 적극적인 활동을 한다.[16] 정명석은 "금산통일교회 부흥집회, 선생님의 소문이 금산까지 나서 금산통일교회에서 부흥집회를 하게 되었다. 11일 동안 밥도 안 먹고 물 한번 안 마시면서 단식하여 부흥 집회를 했는데 사람들이 많이 왔었다."라고 기록했다.[17] 한편 이 시기 통일교 세계평화교수아카데미 교수들을 상대로도 집중 강의를 했는데, 바로 이때부터 대학생들에 대한 포교 활동에 대해 구체적으로 생각하기 시작했다고 한다.[18]

정명석은 통일교의 교리적 영향을 받는다. 정명석은 "여러 곳을 돌아다녀 보았지만 그래도 제대로 가르치고 있는 곳은 통일교회였다."고 밝힌다.[19] 통일교 문선명의 『원리강론』에 나오는

---

15) 정명석, ibid., 166-167. JMS에서는 정명석을 "선생님" 혹은 Rabbi의 머리글자를 따서 "R"이라고 지칭한다.
16) 정명석, ibid., 375-376.
17) 정명석, ibid., 275-276.
18) 정명석, ibid., 289.
19) 정명석, ibid., 276.

"엘리야의 재림과 세례요한"을 보면, 문선명의 주장이 정명석의 『30개론』에서 그대로 반복되고 있는 것을 알 수 있다.

『원리강론』은 통일교의 핵심교리서이다. 통일교는 세계기독교통일신령협회(1954)에서 시작해 수시로 공식 명칭을 변경해 왔지만, 문선명의 핵심적인 교리가 담겨있는 《원리강론》의 중요성과 그 역할은 변하지 않고 있다. 『원리강론』이 주장하는 것을 간략히 요약하면 다음과 같다. 뱀과 인간(아담과 하와)의 성적 범죄로 인하여 인류가 타락하게 되었고, 이를 회복하기 위해 제2의 아담인 예수가 메시아로 강림하였으나 실패하였고, 마침내 제3의 아담인 문선명이 이 땅에 왔다는 내용이다.[20] 그리고 재림한 메시아인 문선명을 통해 한반도에 지상천국이 건설된다는 것이 이 교리서의 주장이다. 문선명은 "공자, 석가, 예수까지도 나의 부하"(1976.3.15), "본인은 재림주요 구세주"(1992.7.6), "본인과 본인의 아내는 인류의 참부모, 구세주, 재림주, 메시아"(2002.8.24)라고 공개적으로 선언해오고 있는데, 이는 다음과 같은 『원리강론』의 주장을 구체화한 것이다.

> 예수님은 지상천국을 복귀하시어, 복귀된 전 인류의 참 부모가 되시고, 그 나라의 왕이 되셔야 할 것이었다(이사야 9장 6절, 누가복음 1장 31-33절). 그러나 「유대」인들의 불신으로 인하여 이 뜻을

---

20) 『원리강론』에는 문선명의 이름이 직접 거명되어 있지 않다.

이룰 수 없게 되었으므로, 장차 재림하셔서 이루실 것으로 약속하시고 십자가에 돌아가셨다. 따라서 그가 재림하시어서도 초림 때의 사명이었던 지상천국을 이루시고, 거기에서 인류의 참 부모가 되시고 또 왕이 되셔야 하는 것이다. …예수님이 재림하실 동방의 그 나라는 바로 한국인 것이다.[21]

이와 같은 문선명 자신의 재림주 선언과 위의 《원리강론》 내용을 종합해보면 동방의 나라 한국에 나타난 재림주가 바로 문선명이라는 것이 논리적인 귀결이다. 문선명은 『원리강론』에서 예수와 세례요한의 갈등을 다음과 같이 주장한다.

선지자들의 예언을 믿고 있던 「유대」인들의 간곡한 소망은 물론 「메시아」의 강림이었다. 그러나 그에 못지않게 「유대」인들이 갈망해 왔던 것은, 「엘리야」의 재림이었음을 알아야 한다. …그런데 선지자 「말라기」의 예언대로, 「엘리야」가 왔다는 소식은 없고 예수님께서 느닷없이 「메시아」를 자처하고 나섰을 때, 「예루살렘」은 일대 혼란이 일어나지 않을 수 없었다. …예수님은 바로 세례 「요한이」 그들이 고대하고 있는 「엘리야」라고 대답해 주셨다. …[그러나] 「유대」인들이 세례 「요한」이 「엘리야」라고 하신 예수님의 증언을 더욱 믿을 수 없었던 것은, 「요한」복음 1장 21절의 기록이

---

21) 문선명, 『원리강론』 (서울 : 세계기독교통일신령협회, 1980), 490, 499.

보이는 바, 이미 세례「요한」 자신이 자기는 「엘리야」가 아니라고 명백히 부인한 뒤의 일이었기 때문이다.[22]

문선명의 주장이 정명석을 통해 확대되고 수정되고 보완된 것을 알 수 있다. 문선명은 유대인들은 예수가 아니라 세례요한을 더 믿었다고 주장한다. 그 이유를 유대인의 입장에서 다음과 같이 설명하는데, 정명석의 주장에도 글 순서만 바뀐 채 그대로 나타난다.

> 예수님은 빈천한 목수의 가정에서 생장한, 하나의 배우지 못한 청년이었다. 이러한 청년이 이름 없이 일어나, 스스로 안식일의 주인이라 칭하면서, 「유대」인들이 생명과 같이 여기는 안식일을 범하였다(마태복음 12장 1-8절). 그러므로 예수님은 「유대」인의 구원의 푯대인, 율법을 폐하는 사람으로 알려지게 되었던 것이다(마태복음 5장 17절). 따라서 예수님은 「유대」인의 지도자들에게 몰린 바 되어, 하는 수 없이 어부를 불러 제자를 삼았으며, 세리와 창기와 죄인들의 친구가 되어 함께 먹고 마셨다.[23]

세례 「요한」은 당시의 명문가인 제사장 「사가랴」의 아들로 태어났다(누가복음 1장 13절). 그의 부친이 지성소에서 분향할 때에, 그

---

22) 문선명, 『원리강론』, 160-161.
23) 문선명, ibid., 162.

아내가 아들을 잉태하리라는 천사의 말을 곧이듣지 아니함으로써 벙어리가 되었다가, 「요한」이 출생하자마자 그 입이 열리는 기사이적 등으로 인하여, 온 「유대」 고을 사람들이 크게 놀랐던 것이다(누가복음 1장 9-66절). 뿐만 아니라 광야에서 메뚜기와 석청으로 연명하면서 수도하던 그의 빛나는 신앙생활을 보고, 일반 「유대」인들은 물론 제사장들까지도 그에게 혹 당신이 「메시아」가 아닌가 하고 물어볼 정도로, 그는 「유대」인들에게 훌륭하게 보였던 것이다(누가복음 3장 15절, 요한복음 1장 20절).[24]

『원리강론』에 따르면, 유대인들이 예수보다 세례요한을 더 신뢰했기 때문에, 예수는 "망언자"로 몰리게 되었고, 결국 유대인들은 예수를 버리게 되었다는 것이다.[25] 결국, 세례요한이 자신을 엘리야라고 선포하지 않았기 때문에, 유대인들이 예수를 따르지 않게 된 것이라고 세례요한을 비판한다.[26]

또한 "그는 흥하여야 하겠고 나는 쇠하여야 하리라 하니라"(요 3:30)는 구절을 예로 들면서, "그[세례요한]는 예수님과 흥망성쇠의 운명을 같이하지 않았다는 것을 우리는 분명히 알 수 있는 것이다"라고 주장하는 한편, "그[세례요한]는 무지로 인하여 이 사명을 다하지 못하였고, 마침내는 예수님을 위하여 바쳐야 할

---

24) 문선명, ibid., 163.
25) 문선명, ibid., 163-164.
26) 문선명, ibid., 164.

그의 목숨마저 별로 가치도 없는 일에 희생하고 말았던 것이다."
라고 세례요한의 실패를 강조한다.[27] 정명석 교리의 근원이 문선
명의 주장에 있는 것을 확인할 수 있다.

문선명은 "내가 진실로 너희에게 말하노니 여자가 낳은 자 중
에 세례요한보다 큰 이가 일어남이 없도다. 그러나 천국에서는
극히 작은 자라도 그보다 크니라"(마태복음 11 : 11)는 성경 말씀
에 대해, "천국에서는 아무리 작은 자라도 이미 예수님을 「메시
아」로 알고 모시고 있는데, 누구보다도 「메시아」를 가까이 모셔
야 할 자리에 부름을 받은 세례「요한」은(누가복음 1장 75절), 도리
어 예수님과 엇갈린 길을 걷고 있었으니, 이로써 그는 천국의 지
극히 작은 자보다도 예수님을 모시지 못하는 처지에 있었기 때
문"이라고 해석한다.[28] 또한, 정명석의 주장에 드러난 것처럼, 이
로 인해 세례요한으로부터 천국이 침노당하기 시작했고, 수제자
의 자리를 베드로에게 빼앗겼다고 주장한다.[29]

문선명은 "예수님이 십자가의 죽음길을 가게 된 큰 요인이 세
례「요한」에게 있었다."고 결론짓는다. "예수님에 대한 세례「요
한」의 무지와 불신은 「유대」인들의 불신을 초래하였고, 「유대」인
들의 불신은 마침내 예수님으로 하여금 십자가의 길을 가시게

---

27) 문선명, ibid., 166.
28) 문선명, ibid., 169.
29) 문선명, ibid., 169.

하였다."는 것이다.[30]

이렇듯 정명석의 『30개론』이 문선명의 『원리강론』의 영향을 받았음을 부인하기 어렵다. 문선명의 세례요한 이해는 정명석에게서 그대로 반복된다. 차이점이 있다면, 문선명에게 세례요한에 대한 교리적 영향을 준 것은 김백문이었고, 정명석에게는 문선명이었다는 것이다.[31] "두 감람나무"와 "두 증인" 중 한 사람이 세례요한이 되어야, 다른 한 사람이 재림 그리스도가 될 수 있기 때문이다.

장막성전 유재열과 신천지 이만희, 배도자 세례요한과 이긴자

문선명과 정명석이 세례요한을 사명 수행에 "실패한 자"로 바라보는 것처럼, 신천지 이만희도 세례요한을 "배도한 자"라고 부정적으로 묘사하면서, 예수와 세례요한의 관계갈등을 부각시킨다.

이만희는 그의 교리적 틀인 "배도론", "멸망론", "구원론"을 통해, 세례요한을 "배도자"로 분류한다. 이만희가 기록한 신천지의 주요 교리서인 『천국비밀 계시록의 진상』에 따르면, "배도란 도

---

30) 문선명, ibid., 170-171.
31) 김백문은 세례요한에 대해, "洗禮 요한과 예수께서 처음으로 福音宣布에 開天的場面"을 보인 것으로 설명하면서 그 사역의 유사성에 집중한다. 김백문, 『성신신학』 (서울 : 평문사, 1954), 362.

(道)의 말씀에서 떠난 것을 배도라고 한다. 다시 말하면 참 길을 가다가 돌아선 것을 말하는 것"이라고 설명한다.[32] 즉 "선민이 배도하고 멸망당한 후에, 구원의 역사"가 시작된다는 것이다.[33] 세례요한이 배도자인 이유에 대해 이만희는 다음과 같이 주장한다.

> 하나님께서 많은 선지자들을 통하여 구약에 예언하신대로 신약의 사가랴와 세례요한을 보내셨으나 이 선민이 범죄하여 침노를 당했고(마 23), 아버지의 이름으로 오신 예수님을 영접하지 아니하므로 천국에서 떨어지게 된 것이었다.[34]

세례요한뿐만 아니라, 이만희는 아담과 하와 그리고 아론을 배도자로 분류한다. 결국 말세의 배도자와 멸망자를 떠나 구원자, 곧 요한계시록 2, 3, 21장에 기록된 "이긴자"에 속해야 한다는 것이 신천지의 주장인 것이다. 물론 신천지에게 "이긴자"는 이만희인 것이다. 신천지 신도들이 부르는 "이긴자"라는 노래에는 다음과 같은 가사가 나온다.

> 하늘 아래 구원자가 여럿이라지만 나에게는 오직 이긴자이신 이만희님이라오.... 이긴자는 나에게 주요, 그리스도시오 살아계신

---

32) 이만희, 『천국비밀 계시록의 진상』 (서울 : 도서출판 신천지, 1992), 523.
33) 이만희, ibid., 533.
34) 이만희, ibid., 525.

하나님의 아들이시니[35]

　　이만희의 세례요한 이해는, 신천지의 초기 교리서인『신탄』에 보다 더 구체적으로 드러나 있다.[36]『신탄』도 역시 배도란 "하나님의 언약을 받은 선민이 하나님께 순종치 아니하고 그 언약을 배반하는 행위"라고 설명한다.[37] 그리고 이 배도는 "악순환"되고 있다고 전제한 후, 세례요한의 불신이 그를 배도자로 만들었다고 주장한다.[38]『신탄』은 세례요한의 등장을 다음과 같이 기록한다.

　　빛이 아니요 빛의 증거자였던 세례요한은, 하나님의 나라가 이 땅에 도래한 사실을 선포하여(마 3 : 2) 잠든 유대인들의 가슴을 송두리째 흔들어 놓았다. 세례요한은 자기에게 세례 받고 물 위로 올라오신 예수를 하나님의 아들이라고 밝게 증거하였다. 그의 교세는 구르는 눈덩이처럼 커갔고 그의 외침은 요단강변에서 레

---

35) 신천지 부산야고보지파 새찬송가 중 "이긴자."
36) 김건남 · 김병희,『신탄』(서울 : 도서출판 신천지, 1985). 저자들은 이 책의 서문에서, "이 글은 성경에 기록된 모든 예언이 이 시대에 빠짐없이 이루어진 실상을 증거하는 두 증인[유재열에 반대한 이만희와 홍종효]의 증언을 받아 기록한 글"이라고 소개하고 있다. 통일교 배경을 가지고 있는 것으로 알려진 김건남이 공동 저자로 되어있는『신탄』은 신천지 교리의 기초로 초창기에는 사용되었으나, 현재 신천지는 이 책의 존재와 그 관련성에 대해 불편해 한다.
37) 김건남 · 김병희, ibid., 189
38) 김건남 · 김병희, ibid., 189, 227.

바논 골짜기까지 메아리치기 시작하였다.[39]

이렇게 "유대교계에 화려하게 데뷔"한 세례요한에게 "모든 사람들이 그 앞에 무릎을 꿇고" 세례를 받았지만, "교세가 커지자 차츰 교만한 마음이 생겨 자신의 사명을 망각하고 곁길로 가기 시작했다."라고 비판한다.[40]

또한, 세례요한은 스스로 엘리야인 것을 알고 있었지만 이를 부인했는데, 이는 그가 겸손해서가 아니라 "세례요한은 스스로 아무것도 아니라고 말함으로써 세인들이 자기를 그리스도라고 믿고 있던 그 생각을 묵인한 것이다."라고 해석한다.[41] 게다가 예수의 길을 예비하는 자로, 예수와 동행해야 했는데 그렇게 하지

---

39) 김건남 · 김병희, ibid., 228.
40) 김건남 · 김병희, ibid., 228.
41) 김건남 · 김병희, ibid., 228-229. 신천지와 함께 최근 가장 주목을 받고 있는 하나님의교회 설립자 안상홍의 『하나님의 비밀과 생명수의 샘』에 따르면, 그가 "선지자 엘리야"로부터 "재림 그리스도"와 "하나님"으로 발전해야 하는 교리적 근거를 주장하고 있다. 즉 "침례 요한은 모세에게 명한 법 곧 율례와 법도를 크게 강조한 일이 없고 다만 침례로써 예수님을 맞이하기 위하여 성결과 회개의 침례를 베풀어 예수 초림의 길"을 열었으며, "침례 요한이 와서 예수님을 메시아로 증거"했고, "주의 재림이 가까운 시일이 되면 먼저 선지자 엘리야를 보내어 주의 재림을 눈으로 보는 것 같이 완전히 증거로 증거한 후에 예수님께서 재림하실 것"이라고 주장한다. 그리고 "엘리야는 이스라엘 나라 동편 요단강 동편에 살고 있던 사람이다. 마지막 엘리야도 동방에서 나타날 것을 보이신 것"이라고 주장하면서, 동방을 한국으로 이해한다. 그리고 마침내 "마지막 엘리야는 암흑세기 동안에 짓밟혔던 진리를 다 찾아 증거함으로 최후 종말을 마치게 될 것이다. 그리고 그 엘리야(하나님 여호와)는 최후 심판주로써 변형되는 동시에 14만 4천 산 성도들도 천사로 변형되어 승천하게 될 것"이라고 결론짓는다. 안상홍, 『하나님의 비밀과 생명수의 샘』(부산 : 삼성인쇄소, 1980), 258-261.

않았다는 것이다. 『신탄』은 다음과 같이 세례요한의 배도를 설명한다.

> 세례요한의 행적은 그렇지가 않았다. 오히려 예수와 헤어져서 세례를 베풀었고, 세례요한의 제자들과 예수의 제자들 사이에 결례로 인하여 자주 다툼이 벌어진다. 이는 한 마디로 세례요한이 예수를 버렸음을 의미한다. …세례요한이 예수를 하나님의 아들이라고 증거한 후에도 예수와 동행하지 아니하고 계속하여 독자적인 교단을 이끌어가며 세례를 베풀었던 사실은 유대 사회에서 하나님의 섭리 역사에 역행한 최대의 사건이었다.[42]

『신탄』에 따르면, 예수는 세례요한의 제자였는데, 예수가 사람을 모으는 것을 보면서 세례요한은 자신의 제자로 여기지 않았다는 것이며, 그리고 신랑은 예수뿐인데 세례요한이 자신을 예수의 친구라고 언급한 것은 "자신이 그리스도임을 자처한 행위로 보아야 할 것"이라고 단정하고, 다음과 같은 결론을 내린다.[43]

> 세례요한은 자기 지위를 지키지 아니하고 자기 처소를 떠나 배도자의 길을 걸어가고 말았던 것이다. 세례요한이 메시아의 자리까지 넘보다가 배도자의 전철을 밟아 4천 년 닦아 오신 하나님의 공

---

42) 김건남 · 김병희, ibid., 229.
43) 김건남 · 김병희, ibid., 230.

들인 섭리 역사가 또 다시 무너졌음을 알고 있는 사람은 드문 것 같다. 역대에 부름 받은 예비 제단 첫 장막의 사자들이 처음에는 순종하다가 교세가 커지면 영광을 하나님께 돌리지 아니하고 자신에게 돌리다가 멸망에 이르게 된 것이다. 세례요한의 경우도 결코 예외는 아니었다.[44)]

처음에는 예수를 하나님의 아들로 증거했던 세례요한이 나중에는 자신의 존재를 구세주로 부각했고, 그의 교세가 성장하면서 하나의 압력 단체가 되었으며, 헤롯의 비도덕적인 행위를 질책하다가 결국 죽임을 당했다고 『신탄』은 주장한다.[45)] 신탄은 다음과 같이 세례요한 배도의 결과를 기록한다.

여자가 낳은 자 중에서 가장 큰 자였던 세례요한은 실족하여 가장 작은 자보다 더 작은 소인배가 되어 사단에게 참수되어 끝이 나고 살생자의 돌풍은 다시 예수께로 불어간다. 참으로 땅을 치고 통곡할 수밖에 없는 분노의 현장이 유대에 펼쳐졌던 것이다.[46)]

『신탄』은 배도의 역사적 악순환을 강조하면서, 마지막 때에도 이러한 배도의 역사가 되풀이 된다고 주장한다. 즉 "오늘날 이

---

44) 김건남 · 김병희, ibid., 230.
45) 김건남 · 김병희, ibid., 230-231.
46) 김건남 · 김병희, ibid., 232.

시대에도 길 예비 사자가 출현하게 되고 또 배도할 것은 기정사실이다."라고 주장하며, 신천지의 모체인 유재열 장막성전의 오류와 이만희 신천지의 출현을 합리화한다.[47]

신천지 이만희는 박태선의 전도관과 유재열의 장막성전의 직접적인 영향을 받았다고 스스로 밝히고 있다. 이만희는 그의 "신앙적 약력"에서, 1957년에 "고향 땅 야외에서 성령으로부터 환상과 이적과 계시에 따라 전도관에 입교"했고, 1967년 "성령의 계시에 이끌려 경기도 과천시 소재 장막성전에 입교"했다고 공식적으로 밝혔다.[48] 이로 인해 이만희의 교리와 활동에는 전도관과 장막성전의 흔적들이 깊게 자리잡고 있다.

첫째, 이만희는 전도관의 박태선처럼, 스스로를 요한계시록에 나오는 "이긴자"라고 주장한다. 나아가 이만희는 "구원자"요 "주요, 그리스도시오, 살아계신 하나님의 아들"이라는 주장으로까지 나아간다.[49] 신천지는 이만희를 "대언의 사자(이긴자)"라고 공식적으로 밝히고 있다.[50] 물론 박태선도 그 스스로를 "이긴자", "감람나무", "동방의 의인"이라고 주장했다.[51] 총 47절로 이루어진 전도관의 "감람나무체게찬송"은 "이기신 종 감람나무"의 출현

---

47) 김건남 · 김병희, ibid., 232.
48) 신천지 예수교 증거장막성전, 〈http : //www.shincheonji.kr〉.
49) 신천지 부산야고보지파 새찬송가 중 "이긴자."
50) 신천지 예수교 증거장막성전, 〈http : //www.shincheonji.kr〉.
51) 탁지일, 『사료 한국의 신흥종교 : 탁명환의 기독교계 신흥종교운동 연구』 (서울 : 도서출판 현대종교, 2009), 45.

을 다음과 같이 노래한다.

> 이긴자는 그 손에 철장을 들고 세상 마귀 모조리 쳐서 부시네 교회의 사명은 이제 끝나고 신앙의 혁명가는 또 다시 왔네 이사야가 예언한 동방의 의인은 반도강산 이 땅에 나타나셔서 금 같은 기름이 넘쳐흐르니 가지들은 진액 받아 넘쳐 흐른다[52]

둘째, 신천지의 공식명칭인 "신천지 예수교 증거장막성전"에서 볼 수 있는 것처럼, 이만희는 유재열의 장막성전으로부터 직접적인 영향을 받는다. 유재열의 장막성전은 경기도 시흥군 과천면 막계리 청계산에 설립되는데, 그 명칭은 요한계시록 15장 5절의 "또 이 일 후에 내가 보니 하늘에 증거 장막의 성전이 열리며"라는 말씀을 근거로 한다.[53] 이런 이유로 청계산은 오늘날 신천지의 성지가 되었다.

이만희는 1967년 장막성전에 들어가 재산을 모두 잃고 사기를 당했다고 주장하며 이탈한 후, 1971년 9월 7일 유재열 등을 고소한다.[54] 이만희는 유재열을 배도자로 규정하면서, 박태선 전도관으로부터의 이탈과 장막성전 유재열과의 갈등을 다음과 같

---

52) 포항전도관, "감람나무체게찬송" (1978), 22절과 24절.
53) 유재열은 김용기의 호생기도원에서 영향을 받는다. 호생기도원의 신도들은 김용기를 "아버지" 혹은 "주님"으로 불렀으며, 유재열과 그 가족들 모두 김용기의 추종자들이었다. 탁지일, ibid.(2009), 247.
54) 탁지일, ibid., 259.

이 설명한다.

> 신앙촌에서 신앙생활을 하던 그[이만희]는 하늘로부터 "장막성전으로 가라"는 음성을 듣고 과천 장막성전으로 가 거기서 몇 년간 역군으로 봉사했다. 그러나 성령으로 시작했던 장막성전이 부패한 것을 보고 그것을 지적했다가 그를 해하려는 무리가 있어 다시 고향으로 돌아오게 되었다. 그 후 고향에서 7년 동안 새마을운동을 하며 지내던 그에게 또 다시 찾아온 천인(영인)은 그가 나온 장막성전으로 다시 가서 회개하라는 편지를 보낼 것을 지시하셨다. 다시 돌아와 장막성전의 회개를 촉구하는 그에게는 말로 할 수 없는 숱한 핍박과 죽음의 고비가 있었다.[55]

이만희는 박태선의 전도관과 유재열의 장막성전으로부터 교리적 영향을 받았다. 그리고 장막성전과의 갈등과 이탈을 통해 새로운 자체 조직을 만들면서, 본격적으로 유재열에 대한 폄하를 시작한다.

그 이유는, 신천지의 뿌리인 장막성전과 유재열의 오류와 한계를 드러내야만, 자신이 등장할 수 있는 필연성을 설명할 수 있기 때문이다. 결국 새로운 이긴자 이만희의 등장을 위해, 유재열은 배도자로 전락하게 된다. 세례요한처럼 배도자가 된 유재열

---

55) 신천지 예수교 증거장막성전, 〈http : //www.shincheonji.kr〉.

을 딛고, 이만희는 "대언의 사자", "말세의 목자", "약속의 목자", "이긴자"가 된 것이다.

현재 신천지를 포함한 장막성전에서 분파된 아류들 사이에서는, 장막성전의 후계 정통성을 둘러싼 교리 논쟁이 전개되고 있다. 또한 새로운 후계 구도 구축이 진행 중인 신천지 안에서도 여러 명의 "이긴자"들이 나타나는 조짐이 나타나고 있어, 이만희 스스로 배도자로 전락할 수 있는 위기가 다가오고 있는 것이다. 한국 기독교이단 계보 안에 나타나는 필연적이고 반복적인 분파 과정에서 신천지도 예외는 아닌 것이다.

안식교와 하나님의교회 안상홍, 1844년과 2012년 시한부종말론

한국 중심적 이단 교리의 상호 모방이 눈에 띄는 계보가 있다. 안식교와 하나님의교회의 시한부종말론 관련성이다.

안식교는 창교자인 윌리엄 밀러(William Miller, 1782-1849)의 1844년 10월 22일 시한부종말론에 기초해 있고, 밀러가 주장했던 종말 예언이 실패로 끝나자 "대실망(Great Disappointment)"을 경험한다.

이후 후계자로 등장한 엘렌 화이트는, 1844년은 종말의 실패가 아니라 종말의 시작이라고 주장하면서, 예수가 이때 하늘 지성소로 들어가 인간들을 "조사심판(Investigative Judgment)"하고 있다는 비성경적 교리를 설파한다.

안식교는, "예수께서는 십자가에서 완전한 속죄를 이루셨고, 희생의 은혜가 믿는 자들에게 효력을 나타내도록 하기 위해, 승천 직후 하늘 성소의 첫째 칸에서 봉사하셨다. 그리고 2300주야(단 8:14)의 끝에 하늘 성소의 둘째 칸에 들어가 조사심판을 시작하셨다. 이 심판을 마친 후 예수께서는… 재림하신다."고 설명하면서, "재림의 징조에 관한 예언들의 성취는 그리스도의 오심이 임박했음을 알려준다. 그러나 시간은 알려지지 않았다."라고 주장한다.[56]

한편 안식교에서 탈퇴한 후, 1964년 하나님의교회를 설립한 안상홍(安商洪, 1918-1985)은 안식교의 시한부종말론을 발전시킨다. "1988년은 세상 종말"과 "일곱 양각 나팔소리"라는 제하의 포교 전단지에서, "무화과나무(유대인=눅 13:6, 사 5:7)가 싹이 나고(독립하고=1948년) 그 세대(유대민족의 한세대=40년)가 지나기 전(1948년+40년=1988년)에 다 끝이 난다."고 주장한다.[57]

이후 1988년뿐만 아니라 1999년과 2012년도 종말의 때라고 주장했다. 즉 1844년 그리스도가 하늘 성소에 들어갔다는 안식교의 주장에 덧붙여, 모세가 장막을 짓는 데 소요된 시간이 168일이고,

---

56) 제칠일안식일예수재림교회, "제칠일안식일예수재림교 한국선교100주년, 1904~2004," 31.
57) 안상홍증인회 하나님의교회, "1988년은 세상 종말" 그리고 "일곱 양각 나팔소리."

성경에서 하루는 일 년으로 계산되기 때문에, 1884년에 168년을 합치면, 2012년이 종말이라고 주장했으나, 종말 예언은 또다시 실패로 끝나고 말았다.[58]

---

58) 하나님의 교회, 『신랑이 더디 오므로 다 졸며 잘세?』 (부산 : 하나님의교회 출판사, 1985), 18.

에필로그

지난해 가을의 문턱에서 허리디스크 수술을 받은 후, 며칠 동안 꼼작도 하지 못한 채 병상에 누워 천장만 바라봤다. 자업자득이라는 생각을 했다. 주치의 선생님의 이야기를 들으며, 내가 선호했던 대부분의 일상 습관들이 내 허리에는 해로웠다는 어처구니없는 사실도 발견했다. 결국, 어제의 잘못된 생활 습관이 마침내 오늘의 나를 만들고 말았다는 사실을 환갑을 몇 달 앞두고 깨달았다. 시어머니를 모시며 남편 병간호까지 하게 만든 아내에게 할 말이 없었다. 당분간 누워 있거나 서 있어야만 한다는 주치의 선생님의 말씀을 따르려니, 내 일상에 눕거나 서서 하는 일이 많지 않다는 사실도 깨달았다. 앉아서 허리를 혹사했던 시간이 내 인생의 대부분이었다는 사실을 비로소 절감하면서 이 책을 마무리했다.

은퇴를 몇 년 앞두고, 마음이 점점 조급해지는 느낌이다. 선친 탁명환 소장의 자료 정리를 마무리해야 한다는 사명감에 「현대종교」에 소장 중인 문서 및 오디오와 영상 자료들을 20여 년에 걸쳐 거의 디지털화했다. 이제 정리된 자료를 제한 없이 무료로 공유할 수 있는 온라인 플랫폼을 구축해야 하는 과제를 남겨놓고 있다. 만약 이 계획이 실현된다면 시간과 공간을 초월해 한국 이단들의 일차자료에 누구든지 접근할 수 있는 순간이 올 것이다. 그날이 오면, 「현대종교」 자료들이 무분별하게 유출되고 도용되는 일을 신경 쓸 필요도 없어지고, 전 세계 어디서나 각자의 필요에 따라 효과적으로 활용할 수 있을 것이다. 이 책의 해외 이단 동향 분석과 이단 경전 연구는 이러한 목적을 이루기 위한 한 방편이다.

한국 이단 팬데믹으로 인해 세계 곳곳에서 관련 정보에 대한 필요성과 요청이 늘어나고 있다. 그동안 「현대종교」의 연구 결과물을 영어, 중국어, 인도네시아어로 번역해서 e-Book 형태로 출간해 선교사 및 해외 교회에 무료로 배포해 왔다. 다행히 포털사이트 자동번역기의 도움으로 「현대종교」 기사에 대한 해외에서의 접근성도 향상되고 있다. 이 책에서 다룬 전 세계 대륙별 한국 이단 현황도 각국 언어로 번역되어 필요한 곳에 전달되어 선한 영향력을 미치기를 기대하고 있다.

모두 주님의 은혜이다. 하나님은 준비된 자를 부르시기보다, 부르시고 준비시키시는 분이다. 부끄럽고 무익한 나를, 하나님의 백성으로 부르시고, 예수 그리스도의 제자로 삼아주셨다는 사실이 감사하다. 때로는 거칠기만 한 이단 연구 환경 속에서도, 내 안에 있는 하나님의 형상이 일그러지지 않도록 버둥거리며 씨름할 수 있도록 지켜주신 은혜가 감사하다. 반복되는 평범한 일상에 감사하는 사치를 누릴 수 있도록 나를 이끄시니 감사하다. 가족과 하나님 앞에 부끄럽지 않은 삶을 살도록 견인하시는 하나님의 은혜가 감사하다.

인생의 공적 여정에서 은퇴라는 쉼표를 찍을 준비를 하며, 이제는 이단 코드(Cult Code)보다 교회 코드(Church Code)에 초점을 맞추고 싶다는 꿈을 꾸고 있다. 지금까지 '무엇이 복음이 아닌지'에 집중했다면, 이제는 '무엇이 복음인지'를 전하는 전도자로 인생 여정을 마무리하고 싶다.

참고문헌

김건남·김병희. 『신탄』. 서울 : 도서출판 신천지, 1985.
김백문. 『기독교근본원리』. 서울 : 이스라엘수도원, 1958.
_____. 『성신신학』. 서울 : 평문사, 1954.
김에스라. "전(全) 세계 신천지 현황 보고서(2023년 말 기준)." 「현대종교」
  (2024. 2).
_____. "독일 신천지 현황 보고서." 「현대종교」 (2023. 12).
_____. "호주 신천지 현황 보고서." 「현대종교」 (2023. 11).
_____. "뉴질랜드 신천지 현황 보고서." 「현대종교」 (2023. 3).
동방교. 『慶和錄』.
_____. "설교문."
_____. "노가계 삼대지침."
동방교 피해자들이 대통령에게 보내는 탄원서(1972. 12).
"동성서행(東成西行) 계시말씀 전파." 「천지일보」 (2012. 6. 15).
류지민. "중남미서 신천지예수교회로 간판 바꾼 300여 개 교회, 부흥의 바람
  불어." 「천지일보」 (2024. 9. 20).
목회데이터연구소. "한국교회 이단 실태." 「넘버즈」 203호.
문선명. 『원리강론』. 서울 : 세계기독교통일신령협회, 1980.
백성호. "그들에게 유병언은 누구인가." 「중앙일보」 (2014. 6. 1).
신옥주. "낙토를 멸시하는 패역한 족속." 2017년 11월 12일 자 설교.
_____. "그 땅을 악평한 자들은 재앙으로 죽었고." 2017년 12월 21일 자 설교.
_____. "연합하여 동거하는 가족." 2017년 12월 11일 자 설교.
_____. "타작마당에서 떨어지는 쭉정이." 2018년 5월 22일 자 설교.
신천지 부산야고보지파 새찬송가 중 "이긴자."
_____. 「신천지 12지파 인맞음 확인 시험」 자료집.
안상홍. 『하나님의 비밀과 생명수의 샘』. 부산 : 삼성인쇄소, 1980.

안상홍 증인회 하나님의교회. "1988년은 세상 종말" 그리고 "일곱 양각 나팔 소리."

예수그리스도후기성도교회. 『몰몬경』.

이만희. 『천국비밀 계시록의 진상』. 서울 : 도서출판 신천지, 1992.

장인희. "피지로 향하는 한국 이단들." 「현대종교」 (2019. 9).

전능신교. 『말씀이 육신으로 나타남』.

제칠일안식일예수재림교회. "제칠일안식일예수재림교 한국선교100주년, 1904~2004."

정득은. 『生의 原理』. 엄유섭 편. 세종문화사, 1958.

정명석. 『30개론 강의안』. 서울 : 도서출판 명, 2002.

정명석. 『선생님의 생애와 사상』. 서울 : 세계청년대학생MS연맹, 1995.

천부교. 『奧妙』. 서울 : 제9중앙전도관청년천성회, 1970.

탁명환. 『한국의 신흥종교』. 제2권. 국제종교문제연구소, 1980.

_____. 『기독교이단연구』. 서울 : 한국종교문제연구소, 1986.

탁지일. 『사료 한국의 신흥종교 : 탁명환의 기독교계 신흥종교운동 연구』. 서울 : 도서출판 현대종교, 2009.

_____. 『이단이 알고 싶다』. 넥서스CROSS, 2020.

_____. "인도차이나 한국 기독교계 신흥종교운동 현황 연구 : 라오스, 베트남, 캄보디아를 중심으로." 「한국기독교신학논총」 (2020. 4).

_____. "은혜로교회와 타작마당 충격." 「현대종교」 (2018. 8).

_____. "호주 멜버른 신천지 피해 망신." 「현대종교」 (2018. 4).

포항전도관. "감람나무체계찬송." (1978).

하나님의 교회. 『신랑이 더디 오므로 다 졸며 잘세?』. 부산 : 하나님의교회 출판사, 1985.

한국세계선교협의회. "2018년 12월 한국선교사 파송 현황."

현대종교. 『해외 K-이단 현황』. 현대종교, 2022.

Ehrman, Bart D. *Jesus : Apocalyptic Prophet of the New Testament*. London : Oxford University Press, 1999.

Farley, Harry and John Bingham. "Exclusive : Churches warned of 'deceptive cult' linked to South Korea infiltrating congregations." *The Telegraph* (2016. 12. 10).

Freedman, David Noel, ed. *The Anchor Bible Dictionary.* New York : Doubleday, 1992.

Fromson, Daniel. "The Untold Story of Sushi in America." *The New York Times* (2021. 11. 14).

Johnston, Chris. "Brainwashed Annie, Taken by the Cult." *The Australian* (Feb. 24, 2018).

Josephus, Flavius. *Antiquities of the Jews.* New York : Bigflow, Brown & Co., Inc., 1920.

Martin, Dale B. *New Testament History and Literature.* New Haven : Yale University Press, 2012.

Masci, David. "Why has Pentecostalism grown so dramatically in Latin America?" Pew Research Center .

McConkie, Bruce R. *Mormon Doctrine.* Bookcraft, 1979.

McPhee, Elena. "Students approached by religious group." *Otago Daily Times* (Aug. 21, 2019).

Mickler, Michael L. *A History of the Unification Church in America, 1959-1974 : Emergence of a National Movement.* New York & London : Garland Publishing, Inc., 1993.

SBS. "Inside Providence : The secretive Korean church led by a convicted rapist." SBS (2014. 4. 9).

Schneider, David. "Which Oceania nations have more Church members?" *Church News* (2023. 2. 12).

Shipps, Jan. *Mormonism : The Story of a New Religious Tradition.* Chicago : University of Illinois Press, 1987.

Simmons, John K. and Brian Wilson. *Competing Visions of Paradise :*

The California Experience of 19th Century American Sectaria -nism. Santa Barbara, CA : Fithian Press, 1993.

Tan, Lincoln. "Kiwi women targeted by religious group hunting brides for convicted rapist." *New Zealand Herald* (May 20, 2017).

Tertullian. "Prescription against Heretics." *The Fathers of the Church*.

"True Mother's Message in Jardim." *FFWPU Mission Support* (July 7, 2024).

Wink, Walter. *John the Baptist in the Gospel Tradition*. London : Cambridge U.P., 1968.

+

기쁜소식선교회. goodnews.or.kr

목회데이터연구소. www.mhdata.or.kr

박혁. www.youtube.com/brotherhyeok & www.brotherhyeok.org

생명의말씀선교회. jbch.org

세계평화통일가정연합(통일교). www.ffwp.org

신천지 예수교 증거장막성전. www.shincheonji.org & www.shincheonji.kr

아세즈. asez.org

재외동포청. "재외동포 현황." oka.go.kr

하나님의교회 세계복음선교협회. www.watv.org

IYF. iyf.or.kr

Jehovah's Witnesses. jw.org

Seventh-day Adventist Church. adventist.org

pewresearch.org

www.newadvent.org/fathers

familyfedihq.org